油气田生产企业员工
三级安全教育应知应会

高树生◎编著

江西高校出版社
JIANGXI UNIVERSITIES AND COLLEGES PRESS

图书在版编目(CIP)数据

油气田生产企业员工三级安全教育应知应会/高树生
编著.--南昌:江西高校出版社,2021.8(2021.9重印)
ISBN 978-7-5762-1553-3

Ⅰ.①油… Ⅱ.①高… Ⅲ.①石油企业—安全生产—安全教育 Ⅳ.①F407.22

中国版本图书馆 CIP 数据核字(2021)第 130859 号

出 版 发 行	江西高校出版社
社 址	江西省南昌市洪都北大道 96 号
总编室电话	(0791)88504319
销 售 电 话	(0791)88522516
网 址	www.juacp.com
印 刷	北京虎彩文化传播有限公司
经 销	全国新华书店
开 本	787mm×1092mm 1/16
印 张	11.75
字 数	235 千字
版 次	2021 年 8 月第 1 版 2021 年 9 月第 2 次印刷
书 号	ISBN 978-7-5762-1553-3
定 价	49.00 元

赣版权登字 -07-2021-949

前　言

　　长期以来，从事油气企业基层安全工作的人员在实施新员工三级安全教育培训过程中，很难找到一本适用的培训教材，这本书就是为了适应这一需求编写的。

　　本书针对油气生产企业的特点，重点从安全生产基础知识、法律法规、主要风险作业及安全防范、职业卫生及劳动保护、事故应急处置与现场救护以及典型事故案例几个方面进行了系统介绍，根本目的是为广大油气生产企业从事安全管理及教育培训的人员提供一本内容全面、实用性强的培训教材。

　　本书在编写过程中，参考了一些文献资料，借鉴了许多专家、学者的观点，吸收了许多同仁的意见。特别是注册安全工程师艾舫军提供了部分素材，延长石油碳氢高效利用技术研究中心高远对全书做了反复校对勘误工作。在此，对本书出版中给予大力支持和指导帮助的各位专家及同仁表示衷心的感谢。

　　由于作者水平所限，书中难免出现许多问题和不足，真诚希望各位读者朋友、同事和同行提出宝贵意见。

高树生

2020 年 12 月

目　录

第一章 油气田企业安全生产基本知识

第一节 新员工安全素养

一、虚心学习，掌握技能

1. 以虚心的态度认真学习。新入职员工，在上岗前都要进行三级安全教育培训，在此过程中，应持虚心的态度，认真学习各种岗位理论知识与岗位实践技能，为以后的安全生产打下坚实的基础。

2. 不懂的地方一定要问清楚。在岗前三级安全教育培训中，对于自己不会、不懂的地方，新员工要及时间清搞懂，不能将一知半解的知识或者似是而非的知识带进以后的工作中，否则，这将是安全生产的大敌。

3. 要努力掌握学到的知识。对于岗前三级安全教育培训中所涉及的所有安全知识，新员工必须全部熟练掌握，做到学以致用。

4. 理论联系实际，逐步进行实践。要将学到的理论知识和岗位实践操作密切结合，做到理论联系实际，用学到的理论知识来指导实践工作。

5. 生产技能要反复进行练习。熟练的技能是安全的保障，所以，必须反复练习，以期达到最佳最安全的操作水平，这也是安全生产的有力保障。

二、接受教育，提高本领

1. 三级安全教育。三级安全教育是指新入厂职员、工人参加的厂（公司）级安全教育、车间（队站）级安全教育和班组（工段）安全教育，是企业安全生产教育制度的基本形式。三级安全教育制度是企业安全教育的基本制度。企业必须对新工人进行安全生产的入厂教育、车间教育、班组教育；对调换新工种、复工，采取新技术、新工艺、新设备、新材料的工人，必须进行新岗位、新操作方法的安全生产教育，受教育者经考试合格后方可上岗操作。

2. 特种作业及特种设备作业人员安全教育培训

（1）特种作业，是指容易发生事故，对操作者本人、他人的安全健康及设备、设施的安全可能造成重大危害的作业。特种作业人员是指直接从事特殊种类作业的从业人员。特种作业主要包含电工作业、焊接与热切割作业、高处作业、危化品安全作业、石油天然气安全作业等。

（2）特种设备作业人员指锅炉、压力容器、压力管道、电梯、起重机械、客运索道、大型游乐设施、场（厂）内专用机动车辆的作业人员及其相关管理人员。

以上特种作业及特种设备作业都是风险极高的作业，此类人员必须接受专业技能和安全知识、安全技能的培训，考试合格，取得相应资质，方可上岗作业。

三、遵章守纪，严格自律

要求每一名员工都要做到"五严禁"：

1. 严禁在禁火区域吸烟、动火；
2. 严禁在上岗前和工作期间饮酒；
3. 严禁擅自移动或拆除安全装置和安全标志；
4. 严禁擅自触摸与自己无关的设备、设施；
5. 严禁在工作时间串岗、离岗、睡岗或嬉戏打闹。

四、注意警示，绝不违反

安全警示标志是向员工警示工作场所或周围环境的危险状况，指导人们采取合理行为的标志。安全警示标志能够提醒员工有效预防危险，从而避免事故发生；当危险发生时，能够指示人们尽快逃离，或者指示人们采取正确、有效、得力的措施，对危害加以遏制。

在生产过程中，所有员工必须遵守生产作业场所设置的安全警示标志的具体要求，严禁违反安全警示标志的安全要求。

五、劳保用品，正确佩戴

劳动防护用品，是指保护劳动者在生产过程中的人身安全与健康所必备的一种防御性装备，对于减少职业危害起着相当重要的作用。

劳动防护用品是安全生产工作的一个重要组成部分。当一些危险、危害因素达不到国家标准和有关规定的要求，技术措施也尚不能消除生产过程中的危险、危害因素，或在进行应急抢险、救灾作业时，佩戴劳动防护用品就成为既能完成生产任务又能保证从业者安全与健康的重要手段，是确保安全生产、预防重特大事故发生的重要基础保障。

第二节　安全生产基础知识

一、安全的概念

什么是"安全"？有人说"无危则安，无缺则全"，有人说"高高兴兴上班去，平平安安回家来"，也有人说"不出事故，就是安全"。因为一旦出事故，轻则受伤，重则死亡，这都是我们承受不了的。这说明，安全对于我们每一个人都是非常重要的，它时刻伴随着我们的工作和生活。

安全泛指没有危险、不受威胁和不出事故的状态。安全生产是指消除或控制生产过程中的危险因素，保障劳动者人身安全与健康，保证生产顺利进行。

我们应当知道：安全是父母的寄托，安全是妻子的期盼，安全是儿女的心愿！

二、安全的目的

请设想一下，发生一起安全生产事故，造成 1 人死亡，对企业的损失有多大？这也许仅仅是一般事故，连"重大"都算不上，更不要说是"特大"了。但对于你本人、你的家庭而言，这损失，不仅"重大"而且绝对是"特大"了。企业失去一个员工，要承受一定的经济损失，但也会很快找到人来替补你的位置。而对于你本人、你的家庭，则是永远的失去，损失永远无法弥补。所以，我们说员工是企业安全工作的最大受益者。

所以说，安全就是为了我们自己。你的平安，是对家人最好的爱；安全工作是给自己做的；安全的主体责任方是我们自己！

三、事故的根源

事故致因论认为，导致事故的原因有以下方面：

1. 人的不安全行为；
2. 物的不安全状态；
3. 管理制度的缺陷及环境因素等。

其中，人的不安全行为占到 96%，也就是说，导致事故绝大多数的原因是人的不安全行为。

四、安全生产法则和定律

1. 海因里希安全法则

该法则指出，每一起严重事故的背后，必然有 29 起轻微事故，300 起未遂先兆，1000 起事故隐患。因此，要避免事故，重在防范，要保证安全，必须预防为主。

2. 墨菲定律

墨菲定律认为，"只要有可能出错的事情，就会出错"。只要存在发生事故的原因，事故就一定会发生，而且不管其可能性多么小，总会发生，并造成最大可能的损失。

墨菲定律告诉我们，小概率事件在一次活动中发生的可能性很小，因此给人一种错误的理解——不会发生事故，事实刚好相反，正是由于这种错觉，麻痹了人们的安全意识，加大了事故发生的可能性，结果是事故可能频繁发生。

五、概念宝典

1. 什么是事故隐患？

事故隐患是指生产经营单位违反安全生产法律、法规、规章、标准、规程和安全生产管理制度的规定，或者因其他因素在生产经营活动中存在可能导致事故发生的人的不安全行为、物的危险状态、场所的不安全因素和管理上的缺陷。

2. 隐患一般分为几级？

隐患的分级是根据隐患的整改、治理和排除的难度及其导致事故后果和影响范围为标准而进行的级别划分，可分为一般事故隐患和重大事故隐患。其中，一般生产安全事故隐患，是指危害和整改难度较小，发现后能够立即整改排除的隐患或者虽然不能立即整改但不影响企业生产的隐患；重大生产安全事故隐患，是指危害和整改难度较大，应当全部或者局部停产停业，并经过一定时间整改治理方能排除的隐患，或者因外部因素影响致使生产经营单位自身难以排除的隐患。

3. 什么叫隐患排查？

企业组织安全生产管理人员、工程技术人员和其他相关人员对本单位的事故隐患进行排查，并对排查出的事故隐患按照事故隐患的等级进行登记，建立事故隐患信息档案的工作过程。

4. 什么叫隐患治理？

隐患治理就是指消除或控制隐患的活动或过程，包括对排查出的事故隐患按照职责分工明确整改责任、制定整改计划、落实整改资金、实施监控治理和复查验收的全过程。

5. 完善企业事故隐患排查治理闭环工作机制要重点做好哪几件事？

①要完善企业隐患排查治理体系建设，建立自查、自改、自报事故隐患的信息管理系统。

②要建立健全事故隐患闭环工作机制，实现隐患排查、登记、评估、治理、报告、销号等持续改进的闭环管理。

③要从排查发现隐患、制定整改方案、落实整改措施、验证整改效果等环节实现有效闭合管理。

④要建立完善事故隐患登记报告制、事故隐患整改公示制、重大事故隐患督办制等工作制度，使隐患从发现到整改完毕都处在监督管理下，使排查治理工作成为一个"闭合线路"。

⑤对查出的隐患做到责任、措施、资金、时限和预案"五落实"，对重大事故隐患严格落实"分级负责、领导督办、跟踪问效、治理销号"制度。

6. 隐患是如何发生的？

所有的隐患都是由于风险管控失效或者弱化造成的。风险管控失效或者弱化表现为如下一种或多种情况：

①未进行风险点排查；

②危险源辨识不全；

③风险分级错误；

④未针对不同风险级别制定相应的管控措施；

⑤风险管控措施落实不到位。

7. 风险分级管控的基本程序是什么？

风险分级管控程序包括：

①排查风险点；

②危险源辨识；

③风险评价和定级；

④策划风险控制措施；

⑤效果验证与更新等。

8. 什么是危险源？

危险源是指可能导致人身伤害、健康损害和财产损失的根源、状态或行为，或这三者的组合。

9. 什么叫风险？

风险是指生产安全事故或健康损害事件发生的可能性和后果的组合。风险有两个主要特性，即可能性和严重性。可能性，是指事故（事件）发生的概率。严重性，是指事故（事件）一旦发生后，将造成的人员伤害和经济损失的严重程度。风险＝可能性×严重性。

10. 什么叫风险点？

风险点是指伴随风险的部位、设施、场所和区域，以及在特定部位、设施、场所和区域实施的伴随风险的作业过程，或以上两者的组合。排查风险点是风险管控的基础。对风险点内的不同危险源或有害因素（与风险点相关联的人、物、场所及管理等因素）进行识别、评价，并根据评价结果、风险判定标准认定风险等级，采取不同控制措施是安全风险分级管控的核心。

11. 风险与危险源之间的关系是什么？

风险与危险源之间既有联系又有本质区别。首先，危险源是风险的载体，风险是危险源的属性，讨论风险必然是涉及哪类或哪个危险源的风险，没有危险源，风险则无从谈起。其次，任何危险源都会伴随着风险，只是危险源不同，其伴随的风险大小往往不同。

12. 风险与隐患之间的关系是什么？

风险和隐患是递进关系：风险在前、隐患在后。安全生产领域形成共识：把风险挺在隐患前、把隐患挺在事故前。

13. 什么是危险源辨识？

危险源辨识是指识别危险源的存在并确定其特性的过程。

14. 什么是"双重预防机制"？

安全风险分级管控机制和隐患排查治理机制合称为"双重预防机制"。

15. "双重预防机制"是如何提出来的？

2015年8月12日，天津港"8·12"瑞海公司危险品仓库特别重大火灾爆炸事故发生后，从国家层面开始重新思考和定位当前的安全监管模式和企业事故预防水平问题。2016年1月6日，习近平对全面加强安全生产工作提出明确要求，强调血的教训警示我们，公共安全绝非小事，必须坚持安全发展，扎实落实安全生产责任制，堵塞各类安全漏洞，坚决遏制重特大事故频发势头，确保人民生命财产安全。习近平强调，重特大突发事件，不论是自然灾害还是责任事故，其中都不同程度存在主体责任不落实、隐患排查治理不彻底、法规标准不健全、安全监管执法不严格、监管体制机制不完善、安全基础薄弱、应急救援能力不强等问题。习近平提出，必须坚决遏制重特大事故频发势头，对易发重特大事故的行业领域采取风险分级管控、隐患排查治理双重预防性工作机制，推动安全生产关口前移，加强应急救援工作，最大限度减少人员伤亡和财产损失。

16. "双重预防机制"如何在遏制重特大事故方面发挥作用？

"双重预防机制"着眼于安全风险的有效管控，紧盯事故隐患的排查治理，是一个常态化运行的安全生产管理系统，可以有效提升安全生产整体预控能力，夯实遏制重特大事故的工作基础。基于重特大事故的发生机理，从重大危险源、人员暴露和管理的薄弱环节入手，按照问题导向，坚持重大风险重点管控；针对重特大事故的形成过程，按照目标导向，坚持重大隐患限期治理，有针对性地防范遏制重特大事故发生。

17. "双重预防机制"的基本工作思路是什么？

"双重预防机制"就是构筑防范生产安全事故的两道防火墙。第一道是管风险，以安全风险辨识和管控为基础，从源头上系统辨识风险、分级管控风险，努力把各类风险控制在可接受范围内，杜绝和减少事故隐患；第二道是治隐患，以隐患排查和治理为手段，认真排查风险管控过程中出现的缺失、漏洞和风险控制失效环节，坚决把隐患消灭在事故发生之前。可以说，安全风险管控到位就不会形成事故隐患，隐患一经发现及时治理就不可能酿成事故，要通过双重预防的工作机制，切实把每一类风险都控制在可接受范围内，把每一个隐患都治理在形成之初，把每一起事故都消灭在萌芽状态。

18. 构建"双重预防机制"要把握哪几个原则？

①要坚持风险优先原则。以风险管控为主线，把全面辨识评估风险和严格管控风险作为安全生产的第一道防线，切实解决"认不清、想不到"的突出问题。

②要坚持系统性原则。从人、机、环、管四个方面，从风险管控和隐患治理两道防线，从企业生产经营全流程、生命周期全过程开展工作，努力把风险管控放在隐患之前、把隐患排查治理放在事故之前。

③要坚持全员参与原则。将"双重预防机制"建设各项工作责任分解落实到企业的各层级领导、各业务部门和每个具体工作岗位，确保责任明确。

④要坚持持续改进原则。持续进行风险分级管控与更新完善，持续开展隐患排查治理，实现"双重预防机制"不断深入、深化，促使机制建设水平不断提升。

19. 什么是风险评价？

风险评价是对危险源导致的风险进行评估，对现有控制措施的充分性加以考虑以及对风险是否可接受予以确认的过程。

20. 什么是风险分级？

风险分级是指通过采用科学、合理的方法对危险源所伴随的风险进行定量或定性评价，根据评价结果划分等级，进而实现分级管理。风险分级的目的是实现对风险的有效管控。

21. 风险一般分为几级？

风险一般分为四级，分别是重大风险（红色）、较大风险（橙色）、一般风险（黄色）和低风险（蓝色）。

22. 什么是风险分级管控？

风险分级管控是指按照风险不同级别、所需管控资源、管控能力、管控措施复杂及难易程度等因素而确定不同管控层级的风险管控方式。风险分级管控的基本原则是：

风险越大，管控级别越高；上级负责管控的风险，下级必须负责管控，并逐级落实具体措施。

23. 什么是风险控制措施？

风险控制措施是指为将风险降低至可接受程度，企业针对风险而采取的相应控制方法和手段。企业在选择风险控制措施时应考虑可行性、安全性、可靠性、经济合理性等。风险控制措施包括工程技术措施、管理措施、教育培训措施、个体防护措施以及应急处置措施等。

六、我国安全生产的方针

习近平总书记在 2013 年 6 月 6 日的安全生产工作会议上首次提出了安全生产的红线意识，他指出："人命关天，发展决不能以牺牲人的生命为代价。这必须作为一条不可逾越的红线。"安全管理需要实行"党政同责、一岗双责、齐抓共管、失职追责"。按照"谁主管、谁负责"，"管行业必须管安全、管业务必须管安全、管生产经营必须管安全"和"各尽其职、各负其责"的原则，履行安全生产工作职责。

《安全生产法》规定了我国安全生产的基本方针是"安全第一、预防为主、综合治理"，这是党和国家对安全生产工作的总体要求，企业的从业人员在劳动生产过程中必须遵循这一基本方针。

安全第一，就是要求从事生产经营活动必须把安全放在首要位置，决不能以牺牲人的生命、健康为代价换取发展和效益。预防为主，就是要求把安全生产工作的关口前移，把重心放在预防上，强化隐患排查治理，从源头上控制、预防和减少安全事故。综合治理，就是要求运用行政、经济、法制、科技等多种手段，充分发挥社会、职工、舆论监督各个方面的作用，抓好安全生产工作。

七、安全生产"三不违"和"四不伤害"

1. 安全生产的"三不违"

"三不违"是指不违章指挥、不违章作业、不违反劳动纪律；反之，"三违"是指违章指挥、违章作业、违反劳动纪律。

违章指挥是指企业负责人和有关管理人员法制观念淡薄，缺乏安全知识，思想上存有侥幸心理，对国家、集体的财产和人民群众的生命安全不负责任，明知不符合安全生产有关条件，仍指挥作业人员冒险作业。违章作业是指作业人员没有安全生产常识，不懂安全生产规章制度和操作规程，或者在知道基本安全知识的情况下，在作业过程中，违反安全生产规章制度和操作规程，不顾国家、集体的财产和他人、自己的生命安全，擅自作业，冒险蛮干。违反劳动纪律是指上班时不知道劳动纪律，或者不遵守劳动纪律，违反劳动纪律进行冒险作业，造成不安全因素。

"三违"是安全的大敌。违章指挥等于杀人，违章作业等于自杀。"三违"不除，安全不保。

2. 安全生产的"四不伤害"

"四不伤害"是指不伤害自己、不伤害他人、不被他人伤害、保护他人不被伤害。

（1）不伤害自己

不伤害自己，就是要提高自我保护意识，不能由于自己的疏忽、失误而使自己受到伤害。它取决于自己的安全意识、安全知识、对工作任务的熟悉程度、岗位技能、工作态度、工作方法、精神状态和作业行为等多方面因素。

工作前应思考下列问题：

①我是否了解这项工作任务？我的责任是什么？我具备完成这项工作的技能吗？

②这项工作有什么不安全因素？有可能出现什么差错？万一出现故障我该怎么办？

③我该如何防止失误？

保护自己免受伤害的有效措施有：

①身体、精神保持良好状态，不做与工作无关的事；

②劳动着装齐全，劳动防护用品符合岗位要求；

③注意现场的安全标识，不违章作业，拒绝违章指挥；

④对作业现场危险有害因素进行辨识。

（2）不伤害他人

不伤害他人，就是我的行为或后果不能给他人造成伤害。在多人作业或交叉作业时，由于自己不遵守操作规程，对作业现场周围观察不够以及自己操作失误等原因，自己的行为可能对现场周围的人造成伤害。

想要做到不伤害他人，应做到以下方面：

①自觉遵守劳动纪律，遵章守规，正确操作；

②多人作业时要相互配合，要顾及他人的安全；

③工作后不要留下隐患；

④检修完设备后，未将拆除或移开的盖板、防护罩等设施恢复正常，就可能使他人受到伤害；

⑤高处作业时，工具或材料等物品放置稳妥；动火作业完毕后清理现场，杜绝残留火种可能引发的火灾；

⑥机械设备运行过程中，操作人员未经允许不得擅自离开工作岗位，以免其他人误触开关，造成伤害等；

⑦拆装电气设备时，电线路接头应按规定包扎好，以免他人触电；

⑧起重作业要遵守"十不吊"；电气焊作业要遵守"十不焊"；电工作业要遵守电

气安全规程等。

（3）不被他人伤害

不被他人伤害，即每个人都要加强自我防范意识，工作中要避免他人的过失行为或作业环境及其他隐患对自己造成伤害。

要想做到不被他人伤害，应做到以下方面：

①拒绝违章指挥，提高防范意识，保护自己；

②注意观察作业现场周围不安全因素，要加强警觉，一旦发现险情要及时制止，纠正他人的不安全行为并及时消除险情；

③要避免因他人失误、设备状态不良、管理缺陷等留下的隐患给自己带来的伤害。如发生危险性较大的中毒事故等，没有可靠的安全措施不得进入危险场所，以免盲目施救，自己被伤害；

④交叉作业时，要预防他人对自己可能造成的伤害，做好防范措施，检修电气设备时必须先验电，要防范他人误送电等；

⑤设备缺失安全保护装置或附件时，员工应及时向主管报告，主管应当及时予以处理；

⑥在危险性大的岗位（例如高空作业、交叉作业等），必须设有专人监护。

（4）保护他人不被伤害

组织中的每个成员都是团队中的一分子，作为组织的一员有关心爱护他人的责任和义务，不仅要注意自己的安全，还要保护团队的其他人员不受伤害。

要保护他人不受伤害，应该做到以下方面：

①任何人在任何地方发现任何事故隐患都要主动告知或提示他人；

②提示他人遵守各项规章制度和安全操作规程；

③提出安全建议，互相交流，向他人传递有用的信息；

④视安全为集体荣誉，为团队贡献安全知识，与其他人分享经验，关注他人身心健康；

⑤一旦发生事故，在保护自己的同时，要主动帮助身边的人摆脱困境。

八、安全生产"33456"工作法

"33456"即三零、三基、四个一切、五位一体、六个强化。

三零：安全零事故、环境零污染、生产零伤害。

三基：抓基层、强基础、练基本功。

四个一切：把安全工作放在高于一切、重于一切、先于一切、影响一切的位置。

五位一体：党委引领、行政主导、专业管理、安全监督、人人负责。

六个强化：强化党的领导、强化责任担当、强化现场管理、强化改革创新、强化生态保护、强化安全文化建设。

九、安全生产标准化

《企业安全生产标准化基本规范》（GB/T 33000－2016）规定了企业安全生产标准化管理体系建立、保持与评定的原则和一般要求，以及目标职责、制度化管理、教育培训、现场管理、安全风险生产管控及隐患排查治理、应急管理、事故管理和持续改进8个体系的核心技术要求。

本标准适用于工矿企业开展安全生产标准化建设工作，有关行业制订、修订安全生产标准化标准、评定标准，以及对标准化工作的咨询、服务、评审、科研、管理和规划等。

1. 主要术语

（1）企业安全生产标准化

企业通过落实企业安全生产主体责任，全员全过程参与，建立并保持安全生产管理体系，全面管控生产经营活动各环节的安全生产与职业卫生工作，实现安全健康管理系统化、岗位操作行为规范化、设备设施本质安全化、作业环境器具定置化，并持续改进。

（2）企业主要负责人

有限责任公司、股份有限公司的董事长、总经理，其他生产经营单位的厂长、经理、矿长，以及对生产经营活动有决策权的实际控制人。

（3）安全风险

发生危险事件或有害暴露的可能性，与随之引发的人身伤害、健康损害或财产损失的严重性的组合。

（4）安全风险评估

运用定性或定量的统计分析方法对安全风险进行分析、确定其严重程度，对现有控制措施的充分性、可靠性加以考虑，以及对其是否可接受予以确定的过程。

（5）安全风险管理

根据安全风险评估的结果，确定安全风险控制的优先顺序和安全风险控制措施，以达到改善安全生产条件、减少和避免生产安全事故的目标。

（6）工作场所

从业人员进行职业活动，并由企业直接或间接控制的所有工作地点。

（7）作业环境

从业人员进行生产经营活动的场所以及相关联的场所，对从业人员的安全、健康和工作能力，以及对设备（设施）的安全运行产生影响的所有自然和人为因素。

2. 一般要求

企业开展安全生产标准化工作，应遵循"安全第一、预防为主、综合治理"的方针，落实企业主体责任。以安全风险管理、隐患排查治理、职业病危害防治为基础，以安全生产责任制为核心，建立安全生产标准化管理体系，实现全员参与，全面提升安全生产管理水平，持续改进安全生产工作，不断提升安全生产绩效，预防和减少事故的发生，保障人身安全健康，保证生产经营活动的有序进行。

3. 核心要求

（1）主要负责人及管理层职责

企业主要负责人全面负责安全生产和职业卫生工作，并履行相应责任和义务。

（2）全员参与

企业应建立健全安全生产和职业卫生责任制，明确各级部门和从业人员的安全生产和职业卫生职责，并对职责的适宜性、履职情况进行定期评估和监督考核。

（3）安全生产投入

企业应建立安全生产投入保障制度，按照有关规定提取和使用安全生产费用，并建立使用台账。

（4）安全文化建设

企业应开展安全文化建设，确立本企业的安全生产和职业病危害防治理念及行为准则，并教育、引导全体从业人员贯彻执行。

（5）作业行为

企业应依法合理进行生产作业组织和管理，加强对从业人员作业行为的安全管理，对设备设施、工艺技术以及从业人员作业行为等进行安全风险辨识，采取相应的措施，控制作业行为安全风险。

（6）主要负责人和管理人员

企业的主要负责人和安全生产管理人员应具备与本企业所从事的生产经营活动相适应的安全生产和职业卫生知识与能力。

（7）从业人员

企业应对从业人员进行安全生产和职业卫生教育培训。未经安全教育培训合格的从业人员，不应上岗作业。

（8）设备设施建设

建设项目的安全设施和职业病防护设施应与建设项目主体工程同时设计、同时施工、同时投入生产和使用。

（9）警示标志

企业应按照有关规定和工作场所的安全风险特点，在有重大危险源、较大危险因素和严重职业病危害因素的工作场所，设置明显的、符合有关规定要求的安全警示标志和职业病危害警示标识。

（10）安全风险辨识

企业应建立安全风险辨识管理制度，组织全员对本单位安全风险进行全面、系统的辨识。安全风险辨识范围应覆盖本单位的所有活动及区域，并考虑正常、异常和紧急三种状态及过去、现在和将来三种时态。

（11）安全风险评估

企业应建立安全风险评估管理制度，明确安全风险评估的目的、范围、频次、准则和工作程序等。

（12）安全风险控制

企业应选择工程技术措施、管理控制措施、个体防护措施等，对安全风险进行管控。

（13）重大危险源辨识与管理

企业应建立重大危险源管理制度，全面辨识重大危险源，对确认的重大危险源制定安全管理技术措施和应急预案。

含有重大危险源的企业应将监控中心（室）视频监控数据、安全监控系统状态数据和监测数据与有关安全监管部门监管系统联网。

（14）隐患排查

企业应建立隐患排查治理制度，逐级建立并落实从主要负责人到每位从业人员的隐患排查治理和防控责任制，按照有关规定组织开展隐患排查治理工作，及时发现并消除隐患，实行隐患闭环管理。

（15）隐患治理

企业应根据隐患排查的结果，制定隐患治理方案，对隐患及时进行治理。

（16）应急预案

企业应在开展安全风险评估和应急资源调查的基础上，建立生产安全事故应急预案体系，制定符合《生产经营单位生产安全事故应急预案编制导则》（GB/T 29639 - 2020）规定的生产安全事故应急预案，针对安全风险较大的重点场所（设施）制定现场处置方案，并编制重点岗位、人员应急处置卡。

（17）应急设施、装备、物资

企业应根据可能发生的事故种类特点，按照有关规定设置应急设施，配备应急装备，储备应急物资，建立管理台账，安排专人管理，并定期检查、维护、保养，确保其完好、可靠。

（18）应急演练

企业应按照《生产安全事故应急演练基本规范》（AQ/T 9007 - 2019）的规定定期组织公司（厂、矿）、车间（工段、区、队）、班组开展生产安全事故应急演练，做到一线从业人员参与应急演练全覆盖，并按照《生产安全事故应急演练评估规范》（AQ/T 9009－2015）的规定对演练进行总结和评估，根据评估结论和演练发现的问题，修订、完善应急预案，改进应急准备工作。

（19）应急处置

发生事故后，企业应根据预案要求，立即启动应急响应程序，按照有关规定报告事故情况，并开展先期处置。

（20）事故报告

企业应建立事故报告程序，明确事故内外部报告的责任人、时限、内容等，并教育、指导从业人员严格按照有关规定的程序报告发生的生产安全事故。

（21）事故调查和处理

企业应建立内部事故调查和处理制度，按照有关规定、行业标准和国际通行做法，将造成人员伤亡（轻伤、重伤、死亡等人身伤害和急性中毒）和财产损失的事故纳入事故调查和处理范畴。

十、安全色与警示标志

1. 安全色

（1）基本概念

安全色是表达安全信息的颜色，表示禁止、警告、指令、提示等意义。正确使用安全色，可以使人员能够对威胁安全和健康的物体和环境尽快作出反应，迅速发现或分辨安全标志，得到及时提醒，以防止事故、危害发生。安全色用途广泛，如用于安全标志牌、交通标志牌、防护栏杆及机器上不准乱动的部位等。安全色的应用必须以表示安全为目的，安全色有规定的颜色范围，应用红、黄、蓝、绿四种。

（2）安全色含义及用途

我国国家标准规定安全色用红、黄、蓝、绿四种颜色作为全国通用的安全色。四种安全色的含义和用途如下：

①红色

传递禁止、停止、危险或提示消防设备、设施的信息。禁止、停止和有危险的器件设备或环境涂以红色的标记。如禁止标志，交通禁令标志，消防设备，停止按钮，停车、刹车装置的操纵把手，仪表刻度盘上的极限位置刻度，机器转动部件的裸露部分，液化石油气槽车的条带、文字和危险信号旗等。

②黄色

传递注意、警告的信息。需警告人们注意的器件、设备或环境涂以黄色标记。如警告标志、交通警告标志、道路交通路面标志、皮带轮及其防护罩的内壁、砂轮机罩的内壁、楼梯的第一级和最后一级的踏步前沿、防护栏杆及警告信号旗等。

③蓝色

传递必须遵守规定的指令性信息。如指令标志、交通指示标志等。

④绿色

传递安全的提示性信息。可以通行或安全情况涂以绿色标记。如表示通行、机器启动按钮、安全信号旗等。

黑、白两种颜色一般做安全色的对比色，主要用作上述各种安全色的背景色，例如安全标志牌上的底色一般采用白色或黑色。

2. 警示标志

生产经营作业中某些场所、设施和设备，往往存在一些危险因素，容易被人忽视。为了加强作业现场的安全管理，有必要制作和设置以图形符号、文字和色彩表示的安全警示标志，以提醒、阻止某些不安全的行为，避免发生生产安全事故。当然，并非所有的生产经营场所和设施、设备上都需要设置安全警示标志。需要设置安全警示标志的必须规范统一，应当符合国家标准或者行业标准的规定。为此，《安全生产法》第三十二条规定：生产经营单位应当在有较大危险因素的生产经营场所和有关设施、设备上，设置明显的安全警示标志。

安全警示标志一般由安全色、文字、几何形状和图形符号构成，其目的是引起人们对危险因素的注意，预防生产安全事故的发生。根据现行规定，我国目前常用的安全警示标志，根据其含义，可以分为四大类：禁止标志、警告标志、指令标志、提示标志。

（1）禁止标志

禁止标志的含义是不准或制止人们的某些行动。

禁止标志的几何图形是带斜杠的圆环，其中圆环与斜杠相连，用红色；图形符号用黑色，背景用白色。

我国规定的禁止标志共有 40 个，如：禁止放置易燃物、禁止吸烟、禁止通行、禁止烟火、禁止用水灭火、禁止带火种、禁止启机、禁止转动、禁止跨越、禁止乘人、禁止攀登等。

（2）警告标志

警告标志的含义是警告人们可能发生的危险。

警告标志的几何图形是黑色的正三角形、黑色符号和黄色背景。

我国规定的警告标志共有 39 个，如：注意安全、当心触电、当心爆炸、当心火灾、当心腐蚀、当心中毒、当心机械伤人、当心伤手、当心吊物、当心扎脚、当心落物、当心坠落、当心车辆、当心弧光、当心冒顶、当心落水、当心塌方、当心坑洞、当心电离辐射、当心裂变物质、当心激光、当心微波、当心滑倒等。

（3）指令标志

指令标志的含义是必须遵守。

指令标志的几何图形是圆形，蓝色背景，白色图形符号。

必须戴防护眼镜　　必须戴遮光护目镜　　必须戴防尘口罩　　必须戴防毒面具

必须戴护耳器　　必须戴安全帽　　必须戴防护帽　　必须穿防护服

必须戴防护手套　　必须穿防护鞋　　必须接地　　必须拔除插头

指令标志共有 16 个，如：必须戴安全帽、必须穿防护鞋、必须系安全带、必须戴防护眼镜、必须戴防毒面具、必须戴护耳器、必须戴防护手套、必须穿防护服等。

（4）提示标志

提示标志的含义是示意目标的方向。

提示标志的几何图形是方形，绿色背景，白色图形符号及文字。

紧急出口　　紧急出口　　避险处　　应急避难场所　　可动火区　　击碎板面

急救点　　应急电话　　紧急医疗站

提示标志共有 8 个，如紧急出口、避险处、应急避难场所、可动火区、击碎板面、急救点、应急电话、紧急医疗站。

第三节　油气田企业生产特点及风险

一、采油作业主要特点

油田企业采油生产大都在野外分散作业，从油井井口到计量站、联合站等，整个生产过程具有机械化、密闭化和连续化的特点。从安全风险方面看，一是具有易燃、易爆、易挥发和易聚集静电等特点；二是具有一定的毒性，如含有硫化氢的油井、管线发生泄漏，将会造成人员中毒和环境污染；三是生产工艺的多样性、复杂性，决定了整个生产过程的高危险性，对人与人、人与装置设备之间的协调都有较高的要求。这些工作的完成都需要有严格的规章制度、严密的劳动组织和正确的生产指挥系统，同样也要求员工具备较高的素质，熟悉工艺流程，更要熟练掌握各作业环节的安全操作规程。因此，每位员工必须努力学习和掌握采油生产的基本知识，熟悉本岗位风险和危害，一切按制度办事，一切按标准操作，最大限度地规避火灾、爆炸、触电、人身伤害、中毒等事故的发生，以确保员工人身安全和油井生产系统的持续安全高效运行。

在采油作业的时候，"地上农田，地下油田，空中电网，地下管网，村在井边，井在村中"是采油工作整体大环境的真实写照，企业采油工作的开展与地方生活生产息息相关、互相牵连。这给采油工作带来了非常大的不便，同时也为采油过程的安全管理工作带来了极大的阻碍。环境的复杂性造成了在生产过程中，有很多不确定和不可控的因素。这些因素可能会直接对油田开采安全工作造成极大的威胁。

在采油生产线上，需要的各类设施设备种类繁多，长期露天运行，更新速度慢，很多设施设备处于年久失修或者带病运行的状况，无疑会增加生产的危险性。

二、采气作业主要特点

采气作业是将气田开采出的天然气进行收集、输送和初步加工处理的生产经营活动。采气作业主要包括三个方面：一是集气站将各气井采出的气液混合物进行汇集，利用气液分离器进行初步简单脱水分离；二是集气站对初步分离的天然气进行计量，并输送至天然气处理厂进行再次脱水或深加工；三是由处理厂或天然气压气站以不同的方式将处理合格的天然气外输。

在采气作业过程中，天然气与空气混合易形成爆炸性混合物，遇火源极易爆炸、燃烧；未经净化的天然气可能含有硫化氢，一旦泄漏后会引起中毒或窒息。另外，物体打击、机械伤害、灼伤、高处坠落、触电、低温冻伤以及雷击等现象也有可能发生。

三、油气田作业的主要风险

1. 火灾和爆炸的危险

在正常情况下，石油、天然气、甲醇等易燃易爆物质在密闭的管道及设备内输送，不具备发生火灾、爆炸的条件。但由于设计缺陷、工程质量缺陷、材料缺陷、腐蚀、老化、机械磨损、密闭不严、违章作业、操作失误等，可能导致可燃物质释放，在空气中形成爆炸性混合物，一旦接触点火源即可引发火灾爆炸事故。

油气作业场所中，点火源可能存在的主要形式有明火、电火花、碰撞火花、静电、雷电等。除加热炉、采暖炉、燃气灶等明火源外，火柴、打火机、烟头、电焊作业等均会成为点火源。未按标准规范要求选择和安装相应防爆等级的电器、仪表设施，用电设施老化、超负荷、短路等都可能形成电气点火源。此外，设备机体摩擦、金属碰撞、钉子鞋与地面碰撞等都可能产生碰撞火花。岗位作业人员未穿符合规范要求的防静电服装、设备设施未进行可靠的防静电接地、管道中气（液）高速流动等都可能积聚静电荷，形成静电点火源。设备、设施等未按规范要求进行可靠的防雷接地或防雷设施安装不符合要求，当发生雷击时，可能形成雷电点火源。车辆产生的火花、使用非防爆的通信设备、硫化亚铁自燃等均可能形成点火源。

2. 其他危害和危险

（1）中毒或窒息。油气作业中接触到的原油、天然气（伴生气）、甲醇、硫化氢等，都容易造成人员中毒或窒息。

（2）物体打击。装卸作业、起吊作业、敲击作业、高处作业、承压部件损坏、运转部件断裂等可能造成物体打击。

（3）带压液体和气体危害。带压液体（如甲醇、三甘醇、缓蚀剂等）和气体发生刺漏时击中人体，会造成人员伤害。

（4）灼烫。发电机、压缩机、加热炉、采暖炉、重沸器等设备的高温部件，若防护措施失效，人员意外接触，均可能造成烫伤。

（5）物理爆炸。承压容器、带压管道老化、腐蚀、缺陷、超温、超压，可能发生物理性爆炸，还可能造成二次事故的发生。

（6）高处坠落。高处作业时，若防护栏、平台、扶梯损坏或松动，或人员未正确使用安全带，可能发生高处坠落。

（7）机械伤害。发电机、压缩机、污水泵等设备的旋转部件、传动件，若防护设施失效或残缺，或人员作业时穿戴不规范的劳动保护用品，易发生碾伤、挤伤、绞伤等机械伤害。

（8）触电。发电机、机泵、变压器、配电装置、照明设施等，若存在漏电、绝缘失效、保护接地失效，或人员在未断电的情况下作业，易发生触电事故。

（9）噪声。发电机、压缩机、通风机等设备在运行时，都可能产生较大噪声。调压阀、节流装置、放空系统等在节流或流速改变时也会产生噪声。

3. 采油、采气工基本安全要求

（1）必须经过安全技术培训，取得上岗资格证书后方可上岗作业。

（2）上岗前必须按规定穿戴劳动防护用品、佩戴检测仪器。

（3）服从正确指挥，拒绝违章指令，制止不安全行为。

（4）禁止非法使用麻醉品、药物，工作期间及上岗前8小时禁止饮酒和饮用含有酒精成分的饮料，工作期间禁止使用影响精神表现的物品。

（5）熟悉岗位安全职责，掌握作业安全管理规定及注意事项。

（6）熟悉原油、天然气（伴生气）、甲醇、三甘醇、缓蚀剂、硫化氢以及其他可能接触的有毒有害、易燃易爆物质的特性、危害及防范措施。

（7）熟练使用消防器材、气体检测仪、空气呼吸器、紧急供氧装置等，并会正常维护。

（8）熟练掌握石油天然气生产工艺流程、运行工艺参数，了解作业过程中存在的危害和防护措施。

（9）熟练掌握采油、采气工艺装置（设备）的安全操作规程、故障排除方法及日常维护注意事项。

（10）熟悉巡检线路、内容和标准，如实填写相关记录，及时发现和消除隐患。

（11）熟练掌握事故报警程序、方法、应急措施、抢险原则，掌握人工呼吸、心肺复苏术等急救常识和科学逃生方法。

（12）熟悉天然气（伴生气）放空、污水排放、固体废弃物的处理等有关规定。

第四节　防火防爆防中毒知识

一、燃烧及爆炸基础知识

1. 燃烧的含义

燃烧是可燃物与助燃物（氧或氧化剂）发生的一种发光发热的化学反应，是在单位时间内产生的热量大于消耗热量的反应。燃烧过程具有两个特征：一是有新的物质产生，即燃烧是化学反应；二是燃烧过程中伴随有发光发热现象。

2．燃烧的条件

燃烧必须同时具备下列三个条件：

（1）有可燃性的物质，如木材、乙醇、甲烷、乙烯等；

（2）有助燃性的物质，常见的为空气和氧气；

（3）有能导致燃烧的能源，即点火源，如撞击、摩擦产生的火花，明火，电火花，高温物体，光和射线等。

可燃物、助燃物和点火源构成燃烧的三要素，缺少其中任何一个燃烧便不能发生。上述三个条件同时存在也不一定会发生燃烧，只有当三个条件同时存在，且都具有一定的"量"，并彼此作用时，才会发生燃烧。对于已经进行着的燃烧，若消除其中任何一个条件，燃烧便会终止，这就是灭火的基本原理。

3．火灾及其分类

凡是在时间或空间上失去控制的燃烧所造成的灾害，都叫火灾。国家标准 GB/T 4968-2008 根据可燃物的类型和燃烧特性将火灾定义为六个不同的类别。

A 类火灾：固体物质火灾。这种物质通常具有有机物性质，一般在燃烧时能产生灼热的余烬。如木材、干草、煤炭、棉、毛、麻、纸张等火灾。

B 类火灾：液体或可熔化的固体物质火灾。如煤油、柴油、原油、甲醇、乙醇、沥青、石蜡、塑料等火灾。

C 类火灾：气体火灾。如煤气、天然气、甲烷、乙烷、丙烷、氢气等火灾。

D 类火灾：金属火灾。如钾、钠、镁、钛、锆、锂、铝镁合金等火灾。

E 类火灾：带电火灾。物体带电燃烧的火灾。

F 类火灾：烹饪器具内的烹饪物（如动植物油脂）火灾。

4．引燃源

能够引起可燃物燃烧的热能源叫引燃源。主要的引燃源有以下几种：

（1）明火。明火有生产性用火，如乙炔火焰等；有非生产性用火，如烟头火、油灯火等。明火是最常见而且比较强的着火源，它可以点燃任何可燃性物质。

（2）电火花。电火花包括电气设备运行中产生的火花、短路火花、静电放电火花和雷击火花。随着电气设备的广泛使用和操作过程的连续化，这种火源引起的火灾所占的比例越来越大。

（3）火星。火星是在铁与铁、铁与石、石与石之间的强烈摩擦、撞击时产生的，是机械能转化为热能的一种现象。这种火星的温度一般有 1200℃ 左右，可以引起很多物质的燃烧。

（4）灼热体。灼热体是指受高温作用，由于蓄热而具有较高温度的物体。灼热体与可燃物质接触引起的着火有快有慢，这主要是取决于灼热体所带的热量和物质的易燃性、状态，其点燃过程是从一点开始扩展的。

（5）聚集的日光，指太阳光、凸玻璃聚光热等。这种热能只要具有足够的温度就能点燃可燃物质。

（6）化学反应热和生物热，指由化学变化或生物作用产生的热能。这种热能如不及时散发掉就会引起着火甚至燃烧爆炸。

5. 燃烧产物及危害

（1）燃烧产物是指由燃烧或热解作用而产生的全部物质，也就是说可燃物燃烧时生成的气体、固体和蒸气等物质均为燃烧产物。物质燃烧后产生不能继续燃烧的新物质（如二氧化碳、二氧化硫、水蒸气等），这种燃烧叫作完全燃烧，其产物为完全燃烧产物；物质燃烧后产生还继续燃烧的新物质（如一氧化碳、未燃尽的碳、甲醇、丙酮等），则叫作不完全燃烧，其产物为不完全燃烧产物。

（2）燃烧产物的危害。二氧化碳（CO_2）是窒息性气体；一氧化碳（CO）是有强烈毒性的可燃气体；二氧化硫（SO_2）有毒，是大气污染中危害较大的一种气体，它严重伤害植物，刺激人的呼吸道，腐蚀金属等；一氧化氮（NO）、二氧化氮（NO_2）等都是有毒气体，对人体存在不同程度的危害，甚至会危及生命；烟灰是不完全燃烧产物，由悬浮在空气中未燃尽的细碳粒及分解产物构成；烟雾是由悬浮在空气中的微小液滴形成，都会污染环境，对人体有害。

6. 爆炸

爆炸是物质的一种急剧的物理、化学变化。在变化过程中伴有物质所含能量的快速释放，变为对物质本身、变化产物或周围介质的压缩能或运动能。

二、石油化工生产的火灾爆炸类型

石油化工生产的火灾爆炸类型概括起来有燃烧和爆炸两种，通常以四种形式表现出来，即由燃烧导致爆炸、爆炸后引起燃烧、只燃烧不爆炸、只爆炸不燃烧。石油化工生产的火灾爆炸的特点与其他行业具有较大的差别。

1. 火灾类型

（1）按照火灾发生的对象不同分为：罐区火灾，如油罐区、液化石油气罐区火灾等；仓库火灾，如石油化学危险品仓库火灾等；工艺装置火灾，如反应器、压缩机、管道等设备的火灾；生产厂房火灾，如泵房、压缩机房火灾等；建筑物火灾，如厂区内维修、检验分析等建筑物的火灾。

（2）按照燃烧物品的种类不同分为：可燃物火灾（A类火灾），如橡胶、塑料火灾；油剂品火灾（B类火灾），如原油、汽油、煤油、化工试剂火灾；气体火灾（C类火灾），如煤气、乙炔气、液化石油气、天然气火灾；金属火灾（D类火灾），如钾、钠、镁、铝等金属的火灾；带电火灾（E类火灾），如供水、供电、供气的电气设备火灾。

2. 火灾特点

（1）爆炸性火灾多。石油化工生产中所使用的原料、生产的中间体和产品大多具有易燃易爆的特性，容易发生爆炸性火灾。生产中所使用的设备多为压力容器，因操作失误等原因使设备内发生超温、超压或异常反应，可能导致设备发生爆炸性火灾。

（2）大面积流淌性火灾。气态、液态物料具有良好的流动性，当储罐、塔、反应器等容器设备遭到破坏时，大量物料外泄，易造成大面积流淌性火灾。这种火灾通常易发生在油品储罐区及油品库房等区域。

（3）立体性火灾。石油化工原料、产品的易燃易爆性和流动扩散性，生产设备集中布置的立体性，厂房建筑的多孔性和相互贯通性，导致火灾发生后会使火势向立体性火灾发展。

（4）火势发展速度快。石油化工生产设备布置集中，物料处理量大，物料流动扩散性强，建筑物的互通性强。因此，一旦发生火灾，火势的发展比较迅速。

（5）爆炸导致燃烧，燃烧中产生爆炸。设备爆炸引起大面积燃烧是石油化工生产中比较常见的火灾现象。设备因发生剧烈的化学反应或超压而导致爆炸，引起设备内可燃物燃烧。燃烧产生的高热量会迅速加热相邻设备内的物料，使其温度升高，压力增大而导致爆炸。

3. 爆炸的类型

（1）按照爆炸物质种类不同，分为混合气体的爆炸、气体分解爆炸、粉尘爆炸、混合危险物爆炸、爆炸性化合物爆炸、蒸气爆炸。

（2）按照初始爆炸发生地点不同，分为封闭空间爆炸、敞开空间爆炸、连锁爆炸。

（3）按照爆炸性质不同，分为物理性爆炸和化学性爆炸两大类。

三、防火防爆的安全装置

防火防爆的安全装置是指生产系统中为预防事故所设置的各种检测、控制、连锁、保护、报警等仪器、仪表、装置的总称。按其作用不同，可以分为以下几类：

1. 检测仪器

检测仪器包括温度计、压力计、物位计、成分测量仪等。

（1）温度计。用以测量物料及设备温度高低的一种仪器。温度传感器的敏感元件应位于被测温度流的中间。

（2）压力计。用以测量流体压力大小的仪表。在检查和调整压力测量系统时，要保护测量敏感元件不受高温工作介质、大的脉动压力、腐蚀介质等的破坏。

（3）物位计。用来确定容器内物料数量的一种仪表。通过物位计可以掌握容器内液位、料位及不同密度液体的界面或液体与固体之间的分界面等是否在工艺要求范围内，这是保证生产安全运行的重要条件之一。

（4）成分测量仪。用来分析原料、中间体的成分及产品纯度的一种测量仪。一般由检测器、信号处理装置、取样及预处理装置三部分组成，通过成分测量仪对危险性物质成分的测定，可以有效地控制生产，预防火灾。

2. 防爆泄压装置

防爆泄压装置包括安全阀、爆破片、防爆门、防爆墙、呼吸阀、放空管等。

（1）安全阀。为了防止设备和容器内非正常压力过高引起爆炸而设置，主要用于防止物理性爆炸。其作用是排放、泄压和报警，即受压设备内部压力超过正常压力时，安全阀自行开启，迅速排除设备内的部分物料，使设备压力降低，当压力降低至正常值时，自行关闭。安全阀开启向外排放物料时，产生气体动力声响还可起到报警作用。

（2）爆破片。一种防止压力急剧增加导致设备破裂的防爆泄压装置。爆破片具有密封性好、泄放物料多、泄压迅速等特点，主要用于防止化学性爆炸，通常设置在密闭的受压容器或管道上。当设备内物料发生异常反应，导致压力超过设定的压力时爆破片能自动破裂，释放流体介质，以降低设备内的压力，防止设备破裂。

（3）防爆门。一般设置在燃烧室外墙壁上，以防燃烧室发生爆炸或爆炸时设备遭到破坏。一般防爆门应设置在人员不经常到的地方，高度不低于2米。

（4）防爆墙。一般为钢筋混凝土墙，墙厚通常为30～40厘米，为防止爆炸灾害的扩展，在有爆炸危险和无爆炸危险的装置间以及具有较大爆炸危险的设备周围设置防爆墙，以阻止爆炸飞散物及冲击波的袭击。

（5）呼吸阀。安装在油品储罐上的一种安全附件，用于保持密闭容器内外压力动态平衡的装置。

（6）放空管。一种管式排放、泄压安全装置，用于防止物料因发生急剧反应、分解等造成的超高温、超压、爆炸等恶性事故。

3. 防火控制和隔绝装置

防火控制和隔绝装置在石油化工生产工艺中能够阻止火焰或爆炸冲击波沿着工艺管道或设备向下传递，防止火势蔓延。根据使用的场合不同分为安全液封、水封井、阻火器、火星熄灭装置等。例如，安全液封主要用于可燃气体管道内；水封井通常用于可燃气体、易燃液体或油污的污水管网上；阻火器一般用于易燃易爆的高热设备中；火星熄灭装置通常安装在产生火星设备的排空系统，以防止飞出的火星引燃周围物质。

4. 紧急制动和联锁装置

紧急制动和联锁装置包括紧急切断阀、止回阀和各种安全联锁装置等。紧急制动和联锁装置用于使发生异常的装置与其他连续生产装置隔开，防止事故传播。

（1）紧急切断阀。通常用于液化石油气储罐等危险装置的液态和气态介质的管道上，当发生火灾或爆炸时，能迅速切断气源，防止事故蔓延扩大。

（2）止回阀。主要用于高压系统与低压系统的连接处，其作用是允许流体仅向一个方向流动，遇到回流时自动关闭，以防止高压蹿入低压，引起设备炸裂。

四、防火防爆措施

油气田企业生产具有较大的火灾爆炸危险性，必须制定防火防爆措施。

1. 预防性措施

预防性措施的基本出发点是使可燃物、氧化剂、点火源没有结合的机会，从根本上杜绝引发火灾爆炸的可能性。一是消除导致火灾爆炸的物质条件；二是消除火灾爆炸的能源条件。

2. 控制性措施

控制性措施是指通过控温控压装置、阻火装置、防爆泄压装置、报警装置及应急措施等限制火势蔓延、扩大。高压设备设置安全阀、回流阀、放空阀及泄压阀等防爆泄压装置；低压真空设备设置密封、排气、吸收等防爆泄压装置；报警装置设置警铃、蜂鸣器、指示灯等；应急措施有紧急切断电源或进料、紧急通入惰性气体或加入抑制剂等。

3. 减灾措施

发生火灾要尽快启用消防设施，及时扑灭初期火灾，以防重大火灾事故的发生。同时，一旦发生火灾爆炸要及时将人员和物资疏散到安全位置。设置安全通道、信号标志、安全梯等，减少灾害损失。

五、火灾扑救

1. 火灾扑救常识

根据燃烧的三个条件，可以采取除去可燃物、隔绝助燃物（氧气）、将可燃物冷却到燃点以下温度等灭火措施。

（1）隔离法。指将火源与其附近的可燃物隔开，中断可燃物质的供给，控制火势蔓延。其具体操作措施如下：

①用妥善的方法迅速移去火源附近的可燃、易燃、易爆和助燃物品。

②封闭着火建筑物的孔洞，堵塞或改变火势蔓延的途径。

③关闭可燃气体、液体的管道阀门，切断可燃物进入燃烧区域的通路。

④阻堵着火液体流淌。

⑤火势严重时，及时拆除与火源毗邻的易燃建筑物，建立隔离带。采取隔离措施时一定要注意自我保护，避免不必要的伤害。

（2）冷却法。指向火焰中喷入吸热量大的物质，降低温度，减慢燃烧速度。当温度低于可燃物燃点时，燃烧停止。热熔量大的固体、液体，特别是蒸发潜热大的液体都可作为冷却物质。最常用的冷却物质是水，此外还有液态卤代烷等。采用水灭火时，应注意与火源保持一定距离，以防止被烧伤。注意以下几种情况的火灾不能用水扑救：

①遇水燃烧物，如金属钾、钠、碳化钙等。

②比水轻（密度小于水）且不溶于水的易燃液体，如醇类、酮类、酯类、油品等。

③与水反应生成有毒或腐蚀性气体的物品，如磷化铝、磷化锌等。

④未切断电源的用电设备、高温设备。

（3）化学抑制法。这种方法是用含氟、溴的化学灭火剂喷向火焰，让灭火剂参与到燃烧反应中去，使游离基链锁（俗称"燃烧链"）反应中断，达到灭火的目的。化学抑制灭火的常见灭火剂有干粉灭火剂和七氟丙烷灭火剂。化学抑制灭火速度快，使用得当可以有效地扑灭初起火灾，减少人员伤亡和经济损失。该方法对于有焰燃烧灭灾效果好，而对深位火灾由于渗透性较差，灭火效果不理想。在条件许可的情况下，采用化学抑制的灭火剂与水、泡沫等灭火剂联用会取得明显效果。

（4）窒息法。指设法使助燃物特别是空气中的氧气减少或消失从而终止燃烧的方法。窒息法是一种简易常用的灭火应急方法，采用窒息法的具体措施如下：

①用不燃或难燃物，如沙土、石粉、石棉布、毯子、湿麻袋、浸水布单（衣）等直接覆盖在燃烧物的表面。

②将不燃气体灌入容器内，如氮气、水蒸气等。

③封闭容器孔洞。

④使用各种灭火器，如泡沫灭火器、二氧化碳灭火器等。

2. 几种常见的初期火灾扑救

大多数火灾都是从小到大，由弱到强。在生产中，若能及早地发现和扑救初期火灾，对安全生产有着重要意义。

（1）生产装置初期火灾的扑救。当生产装置发生火灾、爆炸事故时，在现场操作者应迅速采取以下措施：

①迅速查清着火部位、着火物及来源，准确关闭所有阀门，切断物料来源及加热源；开启消防设施，进行冷却或隔离；关闭通风装置，防止火势蔓延。

②对于压力容器内物质泄漏引起的火灾，应切断进料并及时开启泄压阀门，进行紧急排空。为了便于灭火，将物料排入火炬系统或其他安全部位。

③现场当班人员要及时作出是否停车的决定，并及时向相关负责人报告火灾情况，同时向消防部门报警。

④发生火灾后，应迅速组织人员对装置采取准确的工艺措施，利用现有的消防设施及灭火器材进行灭火。若火势一时难以扑灭，要采取防止火势蔓延的措施，保护要害部位，转移危险物质。

⑤专业消防人员到达火场时，负责人应主动、及时向消防指挥人员介绍情况。

（2）易燃、可燃液体储罐初起火灾的扑救。易燃、可燃液体储罐的初起火灾应采取以下措施：

①储罐起火，马上就有引起爆炸的危险，一旦发现火情，应迅速向消防部门报警，并向厂调度室报告，报警和报告中必须说明罐区位置、罐的位号及储存物料的情况，以便消防部门及时、迅速赶到火场进行扑救。

②若着火罐正在进料，应迅速切断进料，并通知送料单位停止送料。

③若罐区有固定泡沫发生站，则应立即启用。

④若着火罐为压力容器，应打开喷淋设施做冷却保护，防止升温、升压而引起爆炸，并打开紧急放空阀进行安全泄压。

⑤根据具体情况，做好防止物料流散、火势扩大的措施。

3. 电气火灾的扑救

（1）电气火灾特点。电气设备着火时，现场很多设备可能是带电的，这时应注意现场周围可能存在的较高接触电压和跨步电压。同时，还有一些设备着火时是绝缘油在燃烧，如电力变压器、多油开关等，受热后易引起喷油和爆炸事故，使火势扩大。

（2）扑救时的安全措施。扑救电气火灾时应先切断电源。为正确切断电源，应按以下规程进行：

①火灾发生后，电气设备已失去绝缘性，应用绝缘良好的工具进行操作。

②选好切断点，非同相电源应在不同部位剪断，以免造成相间短路。剪断部位应选有支撑物的地方，以免电线落地造成短路或触电事故。

③切断电源时，如需电力等部门配合，应迅速取得联系，及时报告，提出要求。

（3）带电扑救的特殊措施。有时因生产需要或为争取灭火时间，需带电扑救电气火灾，未切断电源扑救时要注意以下几点：

①带电体与人体应保持一定的安全距离，一般室内应大于 4 米，室外应不小于 5 米。

②选用不导电灭火剂（如干粉、二氧化碳等）灭火，灭火器喷嘴与带电体的最小距离应满足：10KV 以下，大于 0.4 米；35KV 以下，大于 0.6 米。对架空线路及空中设备灭火时，人体位置与带电体之间的仰角不能超过 45°，以防导线断落伤人。如遇带电导体断落地面时，要划定警戒区，防止跨步电压伤人。

4. 充油设备着火的扑救

充油设备的油品闪点多在 13 ~ 14℃，一旦着火，其危险性较大，应按下列要求进行扑救：

（1）如果在设备外部着火，可用二氧化碳、干粉等灭火器灭火；如油箱破坏，出现油燃烧现象，除切断电源外，有事故油坑的，应设法将油导入事故油坑，油坑中和地面上的油火可用泡沫灭火，同时要防止油火进入电缆沟。

（2）充油设备灭火时，应先喷射周边，后喷射中心，以免油火蔓延扩大。

5. 人身着火的扑救

人身着火多是由于工作场所发生火灾、爆炸事故或扑救火灾引起的，也有对易燃物使用不当产生明火引起的。当人身着火时，可采取以下措施进行扑救：

（1）如衣服着火不能及时扑灭，应迅速脱去衣服，防止烧伤皮肤。若来不及或无法脱去，应立即就地打滚，用身体压住火种，切记不可跑动；否则，风助火势会造成严重后果。有条件用水灭火效果更好。

（2）如果身上溅上油类着火，千万不要跑动，在场的人应立即将其按倒，用棉布、青草、棉衣、棉被等覆盖，用水浸湿后效果更好。采用灭火器扑救人身着火时，注意尽可能不要对着面部。在现场抢救烧伤患者时，应特别注意保护烧伤部位，尽可能不要碰破皮肤，以防感染。对大面积烧伤并已休克的伤者，舌头易收缩堵塞咽喉造成窒息，在场人员应将伤者嘴撬开，将舌头拉出，保证呼吸畅通，同时用被褥将伤者轻轻裹起，送往医院救治。

六、消防设施和消防器材

1. 消防设施

（1）消防站。油气田生产企业应设立消防站。消防站是指专门用于消除火灾的专业性机构，拥有相当数量的大型灭火设备及经过严格专业训练的消防队员，可应付各种紧急灭火和救援工作，是消除重大火灾事故的最有力的机构。

（2）消防给水设施。消防给水设施是指专门为消防灭火而设置的给水设施，主要有消防给水管道和消火栓两种。

①消防给水管道。简称消防管道，是一种能保证消防所需用水量的给水管道，一般可与生活用水或生产用水的上水管道合并。

②消火栓。消火栓可供消防车吸水，也可直接连接水龙带放水灭火，是消防供水的基本设备。

（3）生产装置区的消防给水设施

①消防供水竖管。设于框架式结构的露天生产装置区内，竖管在每层平台上均设有接口，就近设有消防水带箱。

②冷却喷淋设备。对于安装较高的设备宜设置固定喷淋冷却设备，可用喷水头也可用喷淋管。

③消防水雾。设置于露天安装的生产设备与设备之间、设备与建筑物之间，起到分隔保护、阻止火势扩大的作用。

④带架水枪。在火灾危险性较大且高度较高的设备四周，可设置固定带架水枪，并备移动式带架水枪，以保护重点部位金属不被烧坏。

2. 消防器材

对油气田企业火灾的扑救，必须根据生产工艺条件，物料的性质，建筑物、构筑物的特点，灭火物质的价值等，配置及选择合理的灭火剂和灭火器材。

（1）灭火剂。常用的灭火剂有泡沫灭火剂、干粉灭火剂、卤代烷烃灭火剂、二氧化碳灭火剂等。

（2）灭火器材。各类灭火器材的用途、性能和使用方法见下表。

类型	泡沫灭火器	二氧化碳灭火器	干粉灭火器
规格	0.01 立方米、0.065～0.13 立方米	2 千克、2～3 千克、5～7 千克	8 千克、50 千克
用途	扑救固体物质或其他易燃液体火灾，不能扑救忌水和带电设备的火灾	扑救贵重仪器、油类火灾，不能扑救钠、镁、钾等物质的火灾	扑救石油、石油产品、涂料、有机溶剂、天然气设备的火灾
性能	0.01 立方米的喷射时间为 60 秒、射程为 8 米；0.065～0.13 立方米的喷射时间为 170 秒、射程为 13.5 米	接近着火地点，保持 3 米距离	8 千克的喷射时间为 14～18 秒、射程为 4.5 米；50 千克的喷射时间为 50～55 秒、射程为 6～8 米
使用方法	倒过来稍加摇动或打开开关，药剂即可喷出	一只手拿着喇叭筒对准火源，另一只手打开开关即可喷出	提起圆环干粉即可喷出
维护与检查	放在取用方便处，注意使用期限，防止喷嘴堵塞，冬季防冻，夏季防晒，一年检查一次，泡沫低于 4 倍时应更换药剂	每月测量一次，当质量小于原质量的 1/10 时应充气	置于干燥通风处，防潮、防晒，一年检查一次，气压、质量减少 1/10 时应充气

七、防止中毒

（一）有毒物质的来源及分类

1. 生产作业中毒物的来源

当某种有害物质进入人体，累积到一定量后，就会与肌体组织发生生物化学或生物物理反应，干扰或破坏肌体的正常生理功能，引起暂时性或永久性的病理状态，甚至危及生命，通常我们把这种物质称为有毒物质。采气作业中所涉及的物质，如天然气、甲醇、硫化氢、三甘醇等都是有毒物质。

2. 石油化工生产中毒物的分类

石油化工生产中有毒物质的分类方法很多，主要可按物理形态、中毒性质和作用、化学性质和用途相结合的方法分类。

（1）按物理形态分类，可分为粉尘、烟尘、雾、蒸气和气体。

①粉尘。指漂浮于空气中的固体颗粒，直径大于 $0.1\mu m$，主要产生于固体物料粉碎、研磨过程，如生产电石的电石尘等。

②烟尘。指漂浮于空气中的烟状固体微粒，直径小于 $0.1\mu m$，主要是生产过程中产生的金属蒸气等在空气中氧化而成，如金属冶炼时放出的金属蒸气氧化成的氧化锌、氧化铬等。

③雾。指悬浮于空气中的微小液滴，多由蒸气冷凝或液体喷散而成，如电镀铬时的铬酸雾、喷漆中的含苯漆雾等。

④蒸气。散发于空气中的蒸气由液体蒸发或固体升华而成，前者如苯蒸气、汞蒸气等，后者如磷蒸气等。

⑤气体。散发于空气中的气态物质有氯气、一氧化碳、硫化氢、二氧化硫等。

（2）按中毒性质和作用分类，可分为以下9种：

①刺激性有毒物质。此类有毒物质直接作用于肌体组织会引起组织发炎，如酸的蒸气、氯气、硫化氢及二氧化硫等。

②窒息性有毒物质。此类有毒物质会引起窒息或化学性窒息而危及健康，如氮气、氢气及一氧化碳等。

③麻醉性有毒物质。此类有毒物质主要对神经系统有麻醉作用，如醚类、苯胺等。

④溶血性有毒物质。此类有毒物质有溶血作用，可引起血红蛋白变性、溶血性贫血，如苯、二甲苯胺、硝基苯等。

⑤腐蚀性有毒物质。此类有毒物质有腐蚀作用，可引起呼吸道腐蚀病变，如重铬酸盐、硝酸、五氧化二磷等。

⑥致敏性有毒物质。此类有毒物质有致敏作用，可引起过敏性皮炎、过敏性哮喘，如镍盐、碘蒸气等。

⑦致癌性有毒物质。此类有毒物质有致癌作用，如联苯胺、氯乙烯等。

⑧致畸性有毒物质。长期接触此类有毒物质可以引起机体畸形，或作用于母体引起胎儿畸形，如甲基苯、多氯联苯、有机磷农药等。

⑨致突变性有毒物质。此类有毒物质能导致生物体细胞的遗传信息和遗传物质发生突变，使遗传变异。

（3）按化学性质和用途相结合的方法分类，可以分为以下8种：

①金属、类金属及其化合物。这是有毒物质元素中最多的一类，如铅、铬、锌等。

②卤族及其无机化合物，如氟、氯、碘等。

③强酸和碱性物质，如硫酸、硝酸、氢氧化钠、碳酸钠等。

④氧、氮、碳的无机化合物，如臭氧、二氧化氮、一氧化碳等。

⑤惰性气体，如氮气、氦气等。

⑥有机有毒物质，包括脂肪烃类、芳香烃类、卤代烃、氨基和硝基化合物等。

⑦农药类，包括有机氯、有机磷、有机硫等。

⑧燃料及中间体、合成高分子物质。

（二）中毒危害

由有毒物质侵入人体引起的疾病称为中毒。在石油化工生产过程中，由于接触化学毒物引起的中毒称为职业中毒。中毒的途径为通过呼吸道、皮肤与黏膜以及消化道进入人体。

1. 急性中毒对人体的危害

急性中毒是指大量毒物迅速进入人体后所发生的病变，有毒物质不同造成的危害也不同。

（1）对呼吸系统的危害。人体吸入刺激性气体、有害蒸气、烟雾和粉尘等有毒物质后会引起窒息、呼吸道炎症和肺水肿等病症。

（2）对神经系统的危害。如四乙基铅、有机汞化合物、苯、二硫化碳、环氧乙烷、甲醇及有机磷农药等，进入人体会引起中毒性脑病、中毒性周围神经炎和神经衰弱症，使人出现头晕、头痛、乏力、恶心、呕吐、嗜睡、视力模糊、幻觉、视觉障碍，或出现植物性神经失调及不同程度的意识障碍、昏迷、抽搐等，甚至出现精神分裂、狂躁、抑郁等症状。

（3）对血液系统的危害。如苯、硝基苯等进入人体可导致白细胞数量变化、高血红蛋白和溶血性贫血。

（4）对泌尿系统的危害。如汞、四氯化碳等，进入人体可引起急性肾小球坏死，造成肾损坏。

（5）对循环系统的危害。如锑、砷、有机汞农药、汽油、苯等，均可引起心律失常等心脏病症状。

（6）对消化系统的危害。如经口进入的汞、砷、铅等中毒，均会引起严重恶心、呕吐、腹痛、腹泻等症状；硝基苯、三硝基甲苯等会引起中毒性肝炎。

（7）对皮肤的危害。如二硫化碳、苯、硝基苯等，刺激皮肤造成皮炎、湿疹、痤疮、毛囊炎、溃疡、皮肤干裂等。

（8）对眼睛的危害。化学物质接触眼部或飞溅入眼部，可造成色素沉着、过敏反应、刺激炎症、腐蚀灼伤等。

2. 慢性中毒对人体的危害

慢性中毒的有毒物质进入人体的速度缓慢，要经过较长的时间人体才会发生病变；

或长期接触少量有毒物质，有毒物质在人体内积累到一定程度后引起病变。慢性中毒一般潜伏期比较长，发病缓慢，容易被忽视。由于慢性中毒病理变化缓慢，往往在短期内很难治愈。因此，防止慢性中毒和防治急性中毒一样，是石油化工生产劳动保护职业中毒管理中十分重要的内容。慢性中毒中，不同的有毒物质的毒性不同，造成的危害也不同。常见的慢性中毒引起的病症有中毒性脑脊髓损坏、神经衰弱、精神障碍、贫血、中毒性肝炎、肾衰、支气管炎、心血管病变、癌症、畸形、基因突变等。

（三）防中毒措施

1. 以无毒、低毒物料代替高毒物料

为了减少职业中毒的机会，生产过程中使用的原材料应尽量采用无毒、低毒的物质，这是解决问题的根本方法，但实际操作时有较大的难度。

2. 改进工艺

改进生产工艺和操作方法是重要的防毒措施之一。例如，氯盐生产中以隔膜和离子膜电解代替水银电解，以消除汞的危害；氯乙烯生产中以乙烯法代替乙炔法，避免了使用汞盐催化剂。这些措施一直是化学工业技术研究的主要课题之一。

3. 密闭生产

保证生产系统及设备的密闭性，使有毒物质无法散发出来造成危害，是工业生产中防毒的有效措施之一。生产过程中的密闭性包括投料、出料、物料的输送、粉碎、包装等生产过程中各环节的密闭。例如，气体的输送和投料采用管道、压风机；液体的输送和投料采用高位槽、泵；固体物料采用机械投料，并设置锁气装置，以防止气体外逸。

4. 隔离操作和自动控制

将操作室与生产设备隔离开，也是防止毒害的有效措施之一。目前常用的隔离方法有两种：一是将有毒有害的设备隔离在室内，采用排风的方法，使室内呈负压，避免有毒物质逸出；二是将操作放在隔离室内，采用送新鲜空气的方法，使室内呈正压，防止有毒物质侵入。采用先进的自动化控制可以最大限度地减少操作人员与有毒有害设备和环境的直接接触，是实现隔离的最好方式。

5. 通风排毒措施

通风是一种利用空气流排除或稀释空气中有毒物质，以保护操作环境免受污染的方法。

（1）局部送风。局部送风是指把新鲜空气直接送入操作人员的呼吸带。由于新鲜空气中很快会混入周围的有毒空气，因此，局部送风不适用于防毒不是很好的场合，有条件的情况下尽量不采用此法。

（2）局部排风。局部排风是指把有毒气体直接从发生源抽出去，使操作环境中有毒物质的浓度降低，使其达到卫生标准要求。局部排风排毒效果较好，最为常用，但对有毒气体发生源十分分散的环境，采用局部排风效果将会降低。

（3）全面通风。全面通风是指用大量新鲜空气将操作环境中的有毒气体冲淡稀释，使其达到卫生标准要求。全面通风多以排风为主，一般只适用于低毒有害气体及其散发量不大的情况。通常与局部排风结合使用，效果不错。

6. 个人防护措施

个人防护也是防毒的重要措施之一，一般为皮肤防护和呼吸防护两大类。

（1）皮肤防护，主要是防止有毒物质从皮肤侵入人体。通常是穿戴具有不同性能的工作服、工作鞋、防护镜等。对于必须裸露的皮肤（如脸、手），应根据所接触的不同物质的性质，使用相应的保护油膏或清洁剂。

（2）呼吸防护，主要是防止毒物从呼吸道侵入人体。通常有过滤式防毒呼吸器、隔离式防毒呼吸器等。

7. 净化回收措施

（1）燃烧法。对于可燃或在高温下能分解的有毒有害气体，可采用燃烧法净化。一般可用于有机溶剂蒸气和烃类的净化处理。

（2）冷凝法。对于蒸气状态的有毒有害物质，可采用冷凝法进行回收。一般用于回收空气中的有机溶剂蒸气，通常在燃烧、吸附等净化前使用。

（3）吸收法。对于能溶解于某种液体的有毒有害气体，可采用吸收法回收。

（4）吸附法。对于空气中低浓度的有毒有害物质，可以采用吸附的方法进行净化。吸附剂应选用具有巨大内表面、良好的选择性、良好的再生能力、一定的耐磨强度、成本低廉的物质，常用的吸附剂有活性炭、分子筛、硅胶、高分子复合吸附剂等。

（四）中毒急救

1. 中毒急救原则与要领

（1）安全进入现场。救护人员必须做好自我防护，如穿防护服、戴防毒面具或氧气呼吸器等，才能进入毒物污染现场进行救护；否则，非但救不了人，自己也会中毒。

（2）迅速抢救生命。救护人员进入现场后，应迅速将中毒者撤出毒物污染区，移至空气新鲜、通风良好的地方，使其仰卧平躺，解开衣领、裤带，使中毒者头后仰保持呼吸道通畅，然后开始实施急救。

（3）设法切断毒源。救护人员进入有毒物质污染现场后，应尽快找到有毒物质泄漏点，关闭管道阀门，停止送料泵或压缩机，开启排风机等。

（4）彻底清理污染。人员脱离污染现场后，应立即脱去受污染的衣服、帽子、袜子等，然后用大量清水（解毒液更好）彻底冲洗被污染的皮肤、毛发甚至指甲缝等。

（5）尽快送医院治疗。对中毒者进行现场初步抢救后，应尽快送医院进行全面治疗。

2. 中毒现场急救的一般方法

（1）呼吸道中毒的现场急救。对于由呼吸道吸入引起中毒的急救，应首先保持呼吸道通畅，让中毒者头后仰平躺，解开其衣领、裤带。心脏停搏的应立即实施复苏术；呼吸停止的，应立即实施呼吸复苏术。为了防止喉头发生水肿，有条件的可采用2%碳酸氢钠、10%异丙肾上腺素、1%麻黄素溶液雾化吸入。

（2）急性皮肤中毒的现场急救。皮肤吸收毒物或由腐蚀造成皮肤灼伤的，应立即脱去受污染的衣服，用大量清水冲洗，禁止用热水冲洗，冲洗时间应不少于15分钟，冲洗越早、越彻底越好。冲洗后再用肥皂水洗净，然后敷涂中和毒物的液体或保护性药膏。

（3）误服吞咽中毒的现场急救。首先要反复漱口，除去口腔内的有毒物质，然后采取催吐（用手指或金属勺柄刺激舌根咽部）、洗胃（大量饮入清水、生理盐水，再吐出）、清泻（服入大剂量泻药）、药物解毒（口服解毒药物）的方法进行救护。需要特别提醒的是，对于误服强酸、强碱等腐蚀品及汽油、煤油等有机溶剂的情况，禁用或慎用催吐的方法。

第五节　危险化学品生产、使用、存储、运输及危废处置

一、危险化学品概述

1. 化学品及危险化学品概念

（1）化学品是指各种元素组成的纯净物和混合物。

（2）危险化学品是指具有毒害、腐蚀、爆炸、燃烧、助燃等性质，对人体、设施、环境具有危害的剧毒化学品和其他化学品。如氯气有毒、有刺激性，硝酸、硫酸有强烈腐蚀性，均属危险化学品。

2. 危险化学品的危害

危险化学品的危害主要包括燃爆危害、健康危害和环境危害。

（1）危险化学品燃爆危害

燃爆危害是指化学品能引起燃烧、爆炸的危险。化工、石油化工企业由于生产中使用的原料、中间产品及产品多为易燃易爆物，一旦发生火灾、爆炸事故，将会造成严重的后果。因此了解危险化学品火灾、爆炸危害，正确进行危害性评价，及时采取

防范措施，对搞好安全生产，防止事故发生具有非常重要的意义。

（2）危险化学品健康危害

健康危害是指接触危险化学品后能对人体产生的危害。由于危险化学品具有毒性、刺激性、腐蚀性、麻醉性、窒息性等特性，由此导致的人员中毒事故每年都在发生。危险化学品事故统计资料显示，由于危险化学品的毒性危害导致的人员伤亡占危险化学品安全事故伤亡的50%左右，因此，关注和防范危险化学品健康危害，应当是危险化学品安全管理的重要内容。

（3）危险化学品环境危害

环境危害是指危险化学品对环境产生的危害。随着工业化的不断发展，各种危险化学品生产大量增加，新的危险化学品也不断涌现，在人们充分利用危险化学品的同时，也产生了大量的废物，其中不乏有毒有害物质。如何认识危险化学品的污染危害，最大限度地降低危险化学品的污染，加大环境保护力度，已是亟待解决的问题。

二、危险化学品分类及特性

危险化学品目前有数千种，其性质各不相同，一种危险化学品往往具有多种危险性，但是在多种危险性中，必有一种主要的对人类危害最大的危险性。因此，危险化学品的分类，主要是根据其物化特性、危险性原则进行分类的。

我国目前已经公布的法规、标准《危险货物分类和品名编号》（GB 6944－2012）、《化学品分类和危险性公示通则》（GB 13690－2009），可将危险化学品分为9类：

1. 爆炸品

指在外界作用下（如受热、摩擦、撞击等）能发生剧烈的化学反应，瞬间产生大量的气体和热量，使周围的压力急剧上升，发生爆炸，对周围环境、设备、人员造成破坏和伤害的物品。爆炸品在国家标准中分6项，其中有1、3、4项包含危险化学品，2、5、6项专指弹药，这里不做介绍。

第1项：具有整体爆炸危险的物质和物品，如高氯酸。

第3项：具有燃烧危险和较小爆炸危险的物质和物品，如二亚硝基苯。

第4项：不呈现重大危险的爆炸物质和物品，如四唑并－1－乙酸。

爆炸品主要特性：

（1）爆炸性强。爆炸品都具有化学不稳定性，在一定外因作用下，能以极快的速度发生剧烈的化学反应，产生的大量能量在短时间内无法逸散出去，致使周围的温度迅速升高并产生巨大的压力而引起爆炸。

（2）敏感度高。各种爆炸化学品的化学组成和结构，决定物质本身的爆炸性，而爆炸的难易程度则取决于物质本身的敏感度。敏感度越高的物质越容易爆炸。

2. 气体

包括压缩气体、液化气体、溶解气体和冷冻液化气体、一种或多种气体与一种或多种其他类别物质的蒸汽混合物、充有气体的物品和气雾剂。它分3项：

第一项：易燃气体，如氨气、一氧化碳、甲烷。

第二项：非易燃无毒气体（包括助燃气体），如氮气、氧气等。

第三项：毒性气体，如氯气、氟气、纯氧等。

压缩气体和液化气体主要特征：

（1）易燃烧爆炸。易燃气体的主要危险特性就是易燃易爆。有些气体的爆炸范围比较大，如氢气、一氧化碳的爆炸极限的范围分别为4.1%～74.2%、12.5%～74%。这类物品由于充装容器为压力容器，受热、受到撞击或剧烈震动时，容器内压力急剧增大，致使容器破裂、物质泄漏、爆炸等。

（2）易扩散。压缩气体和液化气体非常容易扩散。比空气轻的气体在空气中可以无限制地扩散，易与空气形成爆炸性混合物；比空气重的气体扩散后，往往聚集在地表、沟渠、隧道、厂房死角等处，长时间不散，遇着火源发生燃烧或爆炸。

（3）易膨胀。压缩气体一般是通过加压降温后储存在密闭的容器中，如钢瓶等。受到光照或受热后，气体易膨胀产生较大的压力，当压力超过容器的耐压强度时就会造成爆炸事故。

（4）有腐蚀毒害性。主要是一些含氢、硫元素的气体具有腐蚀作用。如氢、氨、硫化氢等都能腐蚀设备，严重时可导致设备裂缝、漏气。对这类气体的容器，要采取一定的防腐措施，要定期检验其耐压强度，以防万一。

3. 易燃液体

指易燃的液体或液体混合物，或是在溶液或悬浮液中有固体的液体。

（1）易燃液体按照闪点大小可分4类。

第1类，闪点小于23℃和初沸点不大于35℃；

第2类，闪点小于23℃和初沸点大于35℃；

第3类，闪点不小于23℃和闪点不大于60℃；

第4类，闪点大于60℃和闪点不大于93℃。

（2）主要特性：

①易挥发。易燃液体的沸点一般都很低，很容易挥发出易燃蒸气，其挥发的蒸气在空气中达到一定的浓度后遇火源燃烧爆炸。

②易流动。易燃液体的黏度一般都很小，流动扩散性都比较大，一旦燃烧，有蔓延和扩大火灾的危险。易燃液体在储存或运输过程中，若出现跑冒滴漏现象，挥发出的蒸气或流出的液体会很快向四周扩散，与空气形成爆炸性混合物，增加了燃烧爆炸危险性。

③毒害性。易燃液体大多本身（或蒸气）具有毒害性，对人体有毒害性作用。

④带电性。大部分易燃液体为非极性物质，在管道、贮罐、槽车等的输送、灌装、搅拌、高速流动等过程中，由于摩擦容易产生静电，积聚到一定程度，会产生静电火花，有引燃和爆炸的危险。

4. 易燃固体、易于自燃的物质、遇水放出易燃气体的物质

指容易燃烧或通过摩擦可能引燃或助燃的固体。

按它的燃烧特性分为3项。

第1项：易燃固体，指燃点低，对热、撞击、摩擦敏感，易被外部火源点燃，迅速燃烧，能散发有毒烟雾或有毒气体的固体，如红磷、硫黄等。

主要特性：

①易燃点。易燃固体常温下是固态，但着火点都比较低，一般都在300℃以下。

②遇酸、氧化剂易燃易爆。绝大多数易燃固体与酸、氧化剂接触，尤其是与强氧化剂接触时，能够立即引起着火或爆炸。

③本身或燃烧产物有毒。很多易燃固体本身具有毒害性，或燃烧后产生有毒的物质。

④自燃性。一些易燃固体的自燃点也较低，当温度达到自燃点，在积热不散时，即使没有火源也能引起燃烧。

第2项：易于自燃物品，指自燃点低，在空气中易发生氧化反应放出热量，而自行燃烧的物品，如黄磷、三氯化钛等。

主要特性：

①根据自燃物品发生自燃的难易程度，自燃物品可分为两类：一级自燃物品，二级自燃物品。

②遇空气自燃。自燃物品大部分非常活泼，其有极强的还原性，接触空气中的氧时产生大量的热，达到自燃点而着火、爆炸。

第3项：遇湿易燃物品，指遇水或受潮时，发生剧烈反应，放出大量易燃气体和热量的物品，有的不需明火，就能燃烧或爆炸，如金属钠、钾等。

主要特性：

①有些遇湿易燃物品在与水化合时会放出氢气和热量，由于自燃或外来火源作用能引起氢气的着火爆炸。

②有些遇湿易燃物品在与水化合时，生成碳氢化合物，由于反应热或外来火源作用，造成碳氢化合物着火爆炸。

③有些遇水燃烧物质与水化合时，生成磷化氢、硫化氢等，由于自燃和水源作用会造成火灾和爆炸。

④大多数遇湿易燃物品都具有毒害性和腐蚀性。

5. 氧化性物质和有机过氧化物

这类物品具有强氧化性，易引起燃烧、爆炸，按其组成分为2项。

第1项：氧化性物质是指本身未必燃烧，但通常因放出氧可能引起或促使其他物质燃烧的物质。

主要特性：有强烈的氧化性；受热、撞击易分解；可燃；遇酸、水、弱氧化剂分解；有腐蚀毒害性。

第2项：有机过氧化物，指分子结构中含有过氧键的有机物，其本身易燃易爆、极易分解，对热、震动和摩擦极为敏感，如过氧化苯甲酰、过氧化甲乙酮等。

主要特性：分解易爆炸；易燃；伤害性。

6. 毒性物质和感染性物质

毒性物质是指经吞食、吸入或与皮肤接触后可能造成死亡或严重受伤或损害人类健康的物质。感染性物质是指已知或有理由认为含有病原体的物质。

毒性物质主要特性：

①溶解性。毒害品在水中溶解性越大，毒害性越大。因为易于在水中溶解的物品，更容易被人吸收而引起中毒。

②挥发性和分散性。毒物易挥发，在空气中的浓度越大，其毒性就越大，易发生中毒。颗粒越小，分散性越好，悬浮在空气中，更易被吸入人体而中毒。

③可燃毒害品的危险特性除了毒害性外，还具有火灾危险性，主要表现在遇湿易燃、氧化性、易燃易爆。

7. 放射性物品

根据《危险化学品安全管理条例》确定的管理范围，放射性物品不属于危险化学品安全管理的范畴。

8. 腐蚀性物质

指能灼伤人体组织并对金属等物品造成损伤的固体或液体。

这类物质按化学性质分3项：

第1项：酸性腐蚀品，如硫酸、硝酸、盐酸等。

第2项：碱性腐蚀品，如氢氧化钠、硫氢化钙等。

第3项：其他腐蚀品，如二氯乙醛、苯酚钠等。

主要特性：

①腐蚀性。与人体、设备、建筑物、金属等发生化学反应，使之腐蚀。

②毒害性。在腐蚀性物质中，有一部分能发挥出有强烈腐蚀和毒害性的气体。

③放热性。有些腐蚀品，氧化性很强，在化学反应过程中会放出大量的热，容易引起燃烧。大多数腐蚀品遇水会放出大量的热，在操作中易使液体四溅灼伤人体。

9. 杂项危险物质和物品，包括危害环境物质。

三、危险化学品生产中的危险性

（一）生产的火灾危险性分类

生产的火灾危险性类别	使用或生产下列物质生产的火灾危险性特征
甲	1. 闪点小于28℃的液体，如苯、甲醇、乙醇的合成或精制厂房等； 2. 爆炸下限小于10%的气体，如乙炔站、氢气站、氯乙烯厂房、液化石油气罐瓶间等； 3. 常温下能自行分解或在空气中氧化能导致迅速自燃或爆炸的物质，如硝化棉、黄磷等； 4. 常温下受到水或空气中水蒸气的作用，能产生可燃气体并能引起燃烧或爆炸的物质，如钾、钠等； 5. 遇酸、受热、撞击、摩擦、催化以及遇有机物或硫黄等易燃的无机物，极易引起燃烧或爆炸的强氧化剂，如氯酸钠、氯酸钾厂房及应用部位，过氧化氢厂房等； 6. 受撞击、摩擦或与氧化剂、有机物接触时能引起燃烧或爆炸的物质，如红磷制备厂房及其应用部位等； 7. 在密闭设备内操作温度不小于物质本身自燃点的生产，如洗涤剂厂房石蜡裂解部位、水醋酸裂解厂房等
乙	1. 闪点不小于28℃，但小于60℃的液体，如氯丙醇厂房、环氧氯丙烷厂房等； 2. 爆炸下限不小于10%的气体，如一氧化碳压缩机室及净化部位、氨压缩机房等； 3. 不属于甲类的氧化剂，如发烟硫酸或发烟硝酸浓缩部位、高锰酸钾厂房等； 4. 不属于甲类的易燃固体，如硫黄回收厂房、焦化厂精萘厂房等； 5. 助燃气体，如氧气站、空分厂房等； 6. 能与空气形成爆炸性混合物的浮游状态的粉尘、纤维、闪点不小于60℃的液体雾滴，如铝镁粉等
丙	1. 闪点不小于60℃的液体，如苯甲酸厂房、笨乙酮厂房、甘油厂房等； 2. 可燃固体，如煤、焦炭的筛分、运转工段，橡胶制品的压延、成型和硫化厂房等
丁	1. 对不燃烧物质进行加工，并在高温或熔化状态下经常产生强辐射热、火花或火焰的生产，如冶炼、锻造、铆焊等； 2. 利用气体、液体、固体作为燃料或将气体、液体进行燃烧作其他用的各种生产，如锅炉房、转炉房、电石炉房等； 3. 常温下使用或加工难燃烧物质的生产，如铝塑材料加工房、酚醛泡沫塑料加工房等

（续表）

生产的火灾危险性类别	使用或生产下列物质生产的火灾危险性特征
戊	常温下使用或加工不燃烧物质的生产，如制砖车间、石棉加工车间等

（二）典型化学反应的危险性分析

1. 氧化

如氨氧化制硝酸、甲苯氧化制苯甲酸、乙烯氧化制环氧乙烷等。

（1）氧化的火灾危险性

①氧化反应需要加热，但反应过程又是放热反应，特别是与催化气相反应，一般都是在250～600℃的高温下进行，这些反应热如不及时移去，将会使温度迅速升高甚至发生爆炸。

②有的氧化，如氨、乙烯和甲醇蒸气在空中的氧化，其物料配比接近于爆炸下限，倘若配比失调，温度控制不当，极易爆炸起火。

③被氧化的物质大部分是易燃易爆物质。如乙烯氧化制取环氧乙烷中，乙烯是易燃气体，爆炸极限为2.7%～34%，自燃点为450℃；甲苯氧化制取苯甲酸中，甲苯是易燃液体，其蒸气易与空气形成爆炸性混合物，爆炸极限为1.2%～7%；甲醇氧化制取甲醛中，甲醇是易燃液体，其蒸气与空气的爆炸极限是6%～36.5%。

④氧化剂具有很大的火灾危险性。如氯酸钾、高锰酸钾、铬酸酐等都属于氧化剂，如遇高温、撞击、摩擦以及与有机物、酸类接触，皆能引起着火爆炸；有机过氧化物不仅具有很强的氧化性，而且大部分是易燃物质，有的对温度特别敏感，遇高温则爆炸。

⑤氧化产品有些也具有火灾危险性。如环氧乙烷是可燃气体；硝酸虽是腐蚀性物品，但也是强氧化剂；含36.7%的甲醛水溶液是易燃液体，其蒸气的爆炸极限为7.7%～73%。另外，某些氧化过程中还可能生成危险性较大的过氧化物，如乙醛氧化生产醋酸的过程中有过氧乙酸生成，过氧乙酸是有机过氧化物，性质极度不稳定，受高温、摩擦或撞击便会分解或燃烧。

（2）氧化过程的防火措施

①氧化过程中如以空气或氧气作氧化剂时，反应物料的配比（可燃气体和空气的混合比例）应严格控制在爆炸范围之外。空气进入反应器之前，应经过气体净化装置，消除空气中的灰尘、水汽、油污以及可使催化剂活性降低或中毒的杂质，以保持催化剂的活性，减少着火和爆炸的危险。

②氧化反应接触器有卧式和立式两种，内部填装有催化剂。一般多采用立式，因为这种形式催化剂装卸方便，而且安全。在催化氧化过程中，对于放热反应，应控制适宜的温度、流量，防止超温、超压和混合气处于爆炸范围之内。

③为了防止接触器在万一发生爆炸或着火时危及人身和设备安全，在反应器前和管道上应安装阻火器，以阻止火焰蔓延，防止回火，使着火不致影响其他系统。为了防止接触器发生爆炸，接触器应有泄压装置，并尽可能采用自动控制或调节以及报警联锁装置。

④使用硝酸、高锰酸钾等氧化剂时，要严格控制加料速度，防止多加、错加，固体氧化剂应粉碎后使用，最好呈溶液状态使用，反应中要不间断搅拌，严格控制反应温度，决不许超过被氧化物质的自燃点。

⑤使用氧化剂氧化无机物时，如使用氯酸钾氧化生成铁蓝颜料，应控制产品烘干温度不超过其着火点，在烘干之前应用清水洗涤产品，将氧化剂彻底除净，以防止未完全反应的氯酸钾引起已烘干的物料起火。有些有机化合物的氧化，特别是在高温下的氧化，在设备及管道内可能产生焦状物，应及时清除，以防自燃。

⑥氧化反应使用的原料及产品，应按有关危险品的管理规定，采取相应的防火措施，如隔离存放、远离火源、避免高温和日晒、防止摩擦和撞击等。如是电介质的易燃液体或气体，应安装导除静电的接地装置。

⑦在设备系统中宜设置氮气、水蒸气灭火装置，以便能及时扑灭火灾。

2. 还原

如硝基苯在盐酸溶液中被铁粉还原成苯胺、邻硝基苯甲醚在碱性溶液中被锌粉还原成邻氨基苯甲醚，使用保险粉、硼氢化钾、氢化锂铝等还原剂进行还原等。

还原过程的危险性分析及防火要求：

（1）无论是利用初生态还原，还是用催化剂把氢气活化后还原，都有氢气存在（氢气的爆炸极限为 4% ～75%），特别是催化加氢还原，大都在加热、加压条件下进行，如果操作失误或因设备缺陷有氢气泄漏，极易与空气形成爆炸性混合物，如遇着火源即会爆炸。所以，在操作过程中要严格控制温度、压力和流量；车间内的电气设备必须符合防爆要求。电线及电线接线盒不宜在车间顶部敷设安装；厂房通风要好，应采用轻质屋顶、设置天窗或风帽，以使氢气及时逸出；反应中产生的氢气可用排气管导出车间屋顶，并高于屋脊 2 米以上，经过阻火器向外排放；加压反应的设备应配备安全阀，反应中产生压力的设备要装设爆破片；安装氢气检测和报警装置。

（2）还原反应中所使用的催化剂雷氏镍吸潮后在空气中有自燃危险，即使没有着火源存在，也能使氢气和空气的混合物引燃形成着火爆炸。因此，当用它们来活化氢气进行还原反应时，必须先用氮气置换反应器内的全部空气，并经过测定证实含氧量降到标准后，才可通入氢气；反应结束后应先用氮气把反应器内的氢气置换干净，才可打开孔盖出料，以免外界空气与反应器内的氢气相遇，在雷氏镍自燃的情况下发生着火爆炸。雷氏镍应当储存于酒精中，钯碳回收时应用酒精及清水充分洗涤、过滤，抽真空时不得抽得太干，以免氧化着火。

（3）固体还原剂保险粉、硼氢化钾、氢化铝锂等都是遇湿易燃危险品，其中保险粉遇水发热，在潮湿空气中能分解析出硫，硫蒸气受热具有自燃的危险，且保险粉本身受热到190℃也有分解爆炸的危险；硼氢化钾（钠）在潮湿空气中能自燃，遇水或酸即分解放出大量氢气，同时产生高热，可使氢气着火而引起爆炸事故；氢化锂铝是遇湿危险的还原剂，务必要妥善保管，防止受潮。保险粉用于溶解使用时，要严格控制温度，可以在开动搅拌的情况下，将保险粉分批加入水中，待溶解后再与有机物接触反应；当使用硼氢化钠（钾）作还原剂时，在工艺过程中调节酸、碱度时要特别注意，防止加酸过快、过多；当使用氢化铝锂作还原剂时，要特别注意，必须在氮气保护下使用，平时浸没于煤油中储存。前面所述的还原剂，遇氧化剂会猛烈发生反应，产生大量热量，具有着火爆炸的危险，故不得与氧化剂混存。

（4）还原反应的中间体，特别是硝基化合物还原反应的中间体，也有一定的火灾危险。例如，在邻硝基苯甲醚还原为邻氨基苯甲醚的过程中，产生氧化偶氮苯甲醚，该中间体受热到150℃能自燃。苯胺在生产中如果反应条件控制不好，可生成爆炸危险性很大的环己胺，所以在反应操作中一定要严格控制各种反应参数和反应条件。

（5）开展技术革新，尽量采用危险性小、还原效率高的新型还原剂代替火灾危险性大的还原剂。例如采用硫化钠代替铁粉还原，可以避免氢气产生，同时还可消除铁泥堆积的问题。

3. 硝化

硝化通常是指在有机化合物分子中引入硝基，取代氢原子而生成硝基化合物的反应。如甲苯硝化生产 TNT、苯硝化制取硝基苯、甘油硝化制取硝化甘油等。

硝化过程的火灾危险性主要是：

（1）硝化是一个放热反应，引入一个硝基要放热 152.2～153 kJ/mol，所以硝化需要在降温条件下进行。在硝化反应中，倘若稍有疏忽，如中途搅拌停止、冷却水供应不良、加料速度过快等，都会使温度猛增、混酸氧化能力加强，并有多硝基物生成，容易引起着火和爆炸事故。

（2）硝化剂具有氧化性，常用硝化剂浓硝酸、硝酸、浓硫酸、发烟硫酸、混合酸等都具有较强的氧化性、吸水性和腐蚀性。它们与油脂、有机物，特别是不饱和的有机化合物接触即能引起燃烧；在制备硝化剂时，若温度过高或落入少量水，会促使硝酸的大量分解和蒸发，不仅会导致设备的强烈腐蚀，还可造成爆炸事故。

（3）被硝化的物质大多易燃，如苯、甲苯、甘油（丙三醇）、脱脂棉等，不仅易燃，有的还兼有毒性，如使用或储存管理不当，很容易造成火灾。

（4）硝化产品大都有着火爆炸的危险性，特别是多硝基化合物和硝酸酯，受热、摩擦、撞击或接触着火源，极易发生爆炸或着火。

4. 电解

电流通过电解质溶液或熔融电解质时，在两个极上所引起的化学变化称为电解。电解在工业上有着广泛的作用。许多有色金属（钠、钾、镁、铅等）和稀有金属（锆、铪等）冶炼，金属铜、锌、铝等的精炼，许多基本化学工业产品（氢、氧、氯、烧碱、氯酸钾、过氧化氢等）的制备，以及电镀、电抛光、阳极氧化等，都是通过电解来实现的。

如电解食盐水生产氢氧化钠、氢气、氯气，电解水制氢等。

电解过程中的危险性分析与防火要点：

（1）盐水应保证质量，盐水中如含有铁杂质，能够产生第二阴极而放出氢气；盐水中带入铵盐，在适宜的条件下（pH < 4.5 时），铵盐和氯作用可生成氯化铵，氯作用于浓氯化铵溶液还可生成黄色油状的三氯化氮。

三氯化氮是一种爆炸性物质，与许多有机物接触或加热至 90℃ 以上以及被撞击，即发生剧烈的分解爆炸。

因此盐水配制必须严格控制质量，尤其是铁、钙、镁和无机铵盐的含量。应尽可能采取盐水纯度自动分析装置，这样可以观察盐水成分的变化，随时调节碳酸钠、苛性钠、氯化钡或丙烯酸胺的用量。

（2）盐水添加高度应适当。在操作中向电解槽的阳极室内添加盐水，如盐水液面过低，氢气有可能通过阴极网渗入到阳极室内与氯气混合；若电解槽盐水装得过满，在压力下盐水会上涨，因此，盐水添加不可过少或过多，应保持一定的安全高度。采用盐水供料器应间断供给盐水，以避免电流的损失，防止盐水导管被电流腐蚀（目前多采用胶管）。

（3）防止氢气与氯气混合。氢气是极易燃烧的气体，氯气是氧化性很强的有毒气体，一旦两种气体混合极易发生爆炸，当氯气中含氢量达到 5% 以上，则随时可能在光照或受热情况下发生爆炸。

（4）严格电解设备的安装要求。由于在电解过程中氢气存在，故有着火爆炸的危险，所以电解槽应安装在自然通风良好的单层建筑物内，厂房应有足够的防爆泄压面积。

（5）掌握正确的应急处理方法。在生产中当遇突然停电或其他原因突然停止时，高压阀不能立即关闭，以免电解槽中氯气倒流而发生爆炸。应在电解槽后安装放空管，以备及时减压，并在高压阀门上安装单向阀，以有效地防止跑氯，避免污染环境和带来火灾危险。

5. 聚合

聚合是把低分子量的单体转化成高分子量的聚合物的过程，聚合物具有低分子量单体所不具备的可塑、成纤、成膜、高弹等重要性能。如氯乙烯聚合生产聚氯乙烯塑料、丁二烯聚合生产顺丁橡胶和丁苯橡胶等。

聚合按照反应类型可分为加成聚合和缩合聚合两大类；按照聚合方式又可分为本体聚合、悬浮聚合、溶液聚合、乳液聚合和缩合聚合五种。

（1）本体聚合及危险性分析

本体聚合是在没有其他介质的情况下（如乙烯的高压聚合、甲醛的聚合等），用浸在冷却剂中的管式聚合釜（或在聚合釜中设盘管、列管冷却）进行的一种聚合方法。这种聚合方法往往由于聚合热不易传导散出而导致危险。例如在高压聚乙烯生产中，每聚合 1 公斤乙烯会放出 3.8MJ 的热量，倘若这些热量未能及时移去，则每聚合 1% 的乙烯，即可使釜内温度升高 12～13℃，待升高到一定温度时，就会使乙烯分解，强烈放热，有发生暴聚的危险。一旦发生暴聚，则设备堵塞，压力骤增，极易发生爆炸。

（2）溶液聚合及危险性分析

溶液聚合是选择一种溶剂，使单体溶成均相体系，加入催化剂或引发剂后，生成聚合物的一种聚合方法。这种聚合方法在聚合和分离过程中，易燃溶剂容易挥发和产生静电火花。

（3）悬浮聚合及危险性分析

悬浮聚合是用水作分散介质的聚合方法。它是利用有机分散剂或无机分散剂，把不溶于水的液态单体，连同溶在单体中的引发剂经过强烈搅拌，打碎成小珠状，分散在水中成为悬浮液，在极细的单位小珠液滴（直径为 0.1μm）中进行聚合，因此又叫珠状聚合。这种聚合方法在整个聚合过程中，如果没有严格控制工艺条件，致使设备运转不正常，则易出现溢料，如若溢料，则水分蒸发后未聚合的单体和引发剂遇火源极易引发着火或爆炸事故。

（4）乳液聚合及危险性分析

乳液聚合是在机械强烈搅拌或超声波振动下，利用乳化剂使液态单体分散在水中（珠滴直径 0.001～0.01μm），引发剂则溶在水里而进行聚合的一种方法。这种聚合方法常用无机过氧化物（如过氧化氢）作引发剂，如若过氧化物在介质（水）中配比不当，温度太高，反应速度过快，会发生冲料，同时在聚合过程中还会产生可燃气体。

（5）缩合聚合及危险性分析

缩合聚合也称缩聚反应，是具有两个或两个以上功能团的单体相互缩合，并析出小分子副产物而形成聚合物的聚合反应。缩合聚合是吸热反应，但由于温度过高，也会导致系统的压力增加，甚至引起爆裂，泄漏出易燃易爆的单体。

6. 催化

催化反应是在催化剂的作用下所进行的化学反应。例如氮和氢合成氨，由二氧化硫和氧合成三氧化硫，由乙烷和氧合成环氧乙烷等都是属于催化反应。

催化的火灾危险性：

（1）反应操作。在催化过程中若催化剂选择不正确或加入不适量，易形成局部反应激烈；另外，由于催化大多需在一定温度下进行，若散热不良、温度控制不好等，很容易发生超温爆炸或着火事故。

（2）催化产物。在催化过程中有的产生氯化氢，氯化氢有腐蚀和中毒危险；有的产生硫化氢，则中毒危险更大，且硫化氢在空气中的爆炸极限较宽，生产过程中还有爆炸危险；有的催化过程产生氢气，着火爆炸的危险更大，尤其在高压下，氢的腐蚀作用可使金属高压容器脆化，从而造成破坏性事故。

（3）原料气。原料气中某种能与催化剂发生反应的杂质含量增加，可能成为爆炸危险物，这是非常危险的。例如，在乙烯催化氧化合成乙醛的反应中，由于催化剂体系中常含有大量的亚铜盐，若原料气中含乙炔过高，则乙炔就会与亚铜盐反应生成乙炔铜。乙炔铜为红色沉淀，是一种极敏感的爆炸物，自燃点在260℃至270℃之间，干燥状态下极易爆炸，在空气作用下易氧化成暗黑色，并易于起火。

7. 裂化

裂化有时又称裂解，是指有机化合物在高温下分子发生分解的反应过程。裂化可分为热裂化、催化裂化、加氢裂化三种类型。

（1）热裂化及危险性分析

热裂化在高温高压下进行，装置内的油品温度一般超过其自燃点，若漏出油品会立即起火；热裂化过程中产生大量的裂化气，且有大量气体分馏设备，若漏出气体，会形成爆炸性气体混合物，遇加热炉等明火，有发生爆炸的危险。在炼油厂各装置中，热裂化装置发生的火灾次数是较多的。

（2）催化裂化及危险性分析

催化裂化一般在较高温度和压力下进行，火灾危险性较大。若操作不当，再生器内的空气和火焰进入反应器中会引起恶性爆炸。U形管上的小设备和小阀门较多，易漏油着火。在催化裂化过程中还会产生易燃的裂化气，以及在烧焦活化催化剂不正常时，还可能出现可燃的一氧化碳气体。

（3）加氢裂化及危险性分析

由于加氢裂化使用大量氢气，而且反应温度和压力都较高，在高压下钢与氢气接触，钢材内的碳分子易被氢气所夺取，使碳钢硬度增大而降低强度，产生氢脆，如设备或管道检查、更换不及时，就会在高压下发生设备爆炸。另外，加氢是强烈的放热反应，反应器必须通冷氢以控制温度。因此，要加强对设备的检查，定期更换管道、设备，防止氢脆造成事故；加热炉要平稳操作，防止设备局部过热，防止加热炉的炉管烧穿或者高温管线、反应器漏气而引起着火。

8. 氯化

以氯原子取代有机化合物中氢原子的过程称为氯化。如由甲烷制甲烷氯化物、苯氯化制氯苯等。常用的氯化剂有液态或气态氯，气态氯化氢和各种浓度的盐酸、磷酸氯（三氯氧化磷）、三氯化磷（用来制造有机酸的酰氯）、硫酰氯（二氯硫酰）、次氯酸酯等。

氯化过程危险性分析与防火要点：

（1）氯化反应的火灾危险性主要决定于被氯化物质的性质及反应过程的条件。反应过程中所用的原料大多是有机易燃物和强氧化剂，如甲烷、乙烷、苯、酒精、天然气、甲苯、液氯等。所以，应严格控制各种着火源，电气设备应符合防火防爆要求。

（2）氯化反应中最常用的氯化剂是液态或气态的氯。氯气本身毒性较大，氧化性极强，储存压力较高，一旦泄漏是很危险的。所以贮罐中的液氯在进入氯化器使用之前，必须先进入蒸发器使其气化。在一般情况下不准把储存氯气的气瓶或槽车当贮罐使用，因为这样有可能使被氯化的有机物质倒流进气瓶或槽车引起爆炸。对于一般氯化器应装设氯气缓冲罐，防止氯气断流或压力减小时形成倒流。

（3）氯化反应是一个放热过程，尤其在较高温度下进行氯化，反应更为剧烈，在这样高的温度下，如果物料泄漏就会造成着火或引起爆炸。因此，一般氯化反应设备必须有良好的冷却系统，并严格控制氯气的流量，以免因流量过快、温度剧升而引起事故。

（4）由于氯化反应几乎都有氯化氢气体生成，因此所用的设备必须防腐蚀，设备应保证严密不漏。因为氯化氢气体易溶于水中，通过增设吸收和冷却装置就可以除去尾气中绝大部分氯化氢。

9. 磺化

磺化是在有机化合物分子中引入磺（酸）基的反应。常用的磺化剂有发烟硫酸、亚硫酸钠、亚硫酸钾、三氧化硫等。如用硝基苯与发烟硫酸生产间氨基苯磺酸钠，卤代烷与亚硫酸钠在高温加压条件下生成磺酸盐等均属磺化反应。

磺化过程危险性分析：

（1）三氧化硫是氧化剂，三氧化硫的腐蚀性很弱，但遇水则生成硫酸，同时会放出大量的热，使反应温度升高，不仅会造成沸溢或使磺化反应导致燃烧反应而起火或爆炸，还会因硫酸具有很强的腐蚀性，增加了对设备的腐蚀破坏。

（2）由于生产所用原料苯、硝基苯、氯苯等都是可燃物，而磺化剂浓硫酸、发烟硫酸、氯磺酸都是氧化性物质，且有的是强氧化剂，所以二者相互作用的条件下进行磺化反应是十分危险的，因为已经具备了可燃物与氧化剂作用发生放热反应的燃烧条件。这种磺化反应若投料顺序颠倒、投料速度过快、搅拌不良、冷却效果不佳等，都有可能造成反应温度升高，使磺化反应变为燃烧反应，引起着火或爆炸事故。

（3）磺化反应是放热反应，若在反应过程中得不到有效的冷却和良好的搅拌，都有可能引起反应温度超高，以至发生燃烧反应，造成爆炸或起火事故。

（三）化学单元操作危险性分析

1. 物料输送

在化工生产过程中，经常需将各种原材料、中间体、产品、副产品和废弃物，由前一个工序输往后一个工序，或由一个车间输往另一个车间，或者输往储运地点，这些输送过程就是物料输送。

（1）固体块状物料和粉状物料输送。块状物料与粉状物料的输送，在实际生产中多采用皮带输送机、螺旋输送器、刮板输送机、链斗输送机、斗式提升机以及气力输送（风送）等形式。

①皮带、刮板、链斗、螺旋、斗式提升机，这类输送设备连续往返运转，可连续加料，连续卸载。存在的危险性主要有设备本身发生故障以及由此造成的人身伤害。

②气力输送即风力输送，它主要凭借真空泵或风机产生的气流动力以实现物料输送，常用于粉状物料的输送。气力输送系统除设备本身故障损坏外，最大的安全问题是系统的堵塞和由静电引起的粉尘爆炸。

（2）液态物料输送。化工生产中被输送的液态物料种类繁多，性质各异，温度、压力又有高低之分，因此，所用泵的种类较多，通常可分为离心泵、往复泵、旋转泵、流体作用泵等。

①离心泵的安全要点：避免物料泄露引发事故；避免空气吸入导致爆炸；防止静电引起燃烧；避免轴承过热引起燃烧；防止绞伤。

②往复泵和旋转泵均属于正位移泵，开车时必须将出口阀门打开，严禁采用关闭出口管路阀门的方法进行流量调节，否则，将使泵内压力急剧升高，引发爆炸事故。一般采用安装回流支路进行流量调节。

③流体作用泵是依靠压缩气体的压力或运动着的流体本身进行流体的输送，如常见的酸蛋、空气升液器、喷射泵。这类泵无活动部件且结构简单，在化工生产中有着特殊的用途，常用于输送腐蚀性流体。

酸蛋、空气升液器等是以空气为动力的设备，必须有足够的耐压强度，必须有良好的接地装置。输送易燃液体时，不能采用压缩空气压送，要用氮或其他惰性气体代替空气，以防空气与易燃液体的蒸气形成爆炸性混合物，遇火源造成爆炸事故。

（3）气体物料输送。气体与液体不同之处是具有可压缩性，因此，在其输送过程中当气体压强发生变化，其体积和温度也随之变化。对气体物料的输送必须特别重视在操作条件下气体的燃烧爆炸危险。

①保持通风机和鼓风机转动正常，防护罩完好，避免人身伤害事故；必要时安装消音装置，避免通风机和鼓风机噪声对人身体造成伤害。

②压缩机应保证散热良好；严防泄露；严禁空气与易燃性气体在压缩机内形成爆炸性混合物；防止静电；预防禁忌物的接触；避免操作失误。

③真空泵应严格密封；输送易燃气体时，尽可能采用液环式真空泵。

2. 加热

加热指将热能传给较冷物体而使其变热的过程。加热是促进化学反应和完成蒸馏、蒸发、干燥、熔融等单元操作的必要手段。加热的方法一般有直接火加热、水蒸气或热水加热、载体加热以及电加热等。

（1）直接火加热的主要危险性。利用直接火加热处理易燃、易爆物质时，危险性非常大，温度不易控制，可能造成局部过热烧坏设备。由于加热不均匀易引起易燃液体蒸气的燃烧爆炸，所以在处理易燃易爆物质时，一般不采用此法。但由于生产工艺的需要也可能采用，操作时必须注意安全。

（2）水蒸气、热水加热。利用水蒸气、热水加热易燃、易爆物质相对比较安全，存在的主要危险在于设备或管道超压爆炸，升温过快引发事故。

（3）载体加热。无论采用哪一类载体进行加热，都具有一定的危险性。载体加热的主要危险性在于载热体物质本身的危险性，在操作中必须予以充分重视。

①油类作为载体加热时，若用直接火通过充油夹套进行加热，且在设备内处理有燃烧、爆炸危险的物质，则需将加热炉门与反应设备用砖墙隔绝，或将加热炉设于车间外面，将热油输送到需要加热的设备内循环使用。油循环系统应严格密闭，不准热油泄漏，要定期检查和清除油锅、油管上的沉积物。

②使用二苯混合物作载体加热时，特别注意不得混入低沸点杂质（如水等），也不准混入易燃易爆杂质，否则在升温过程中极易产生爆炸危险。因此必须杜绝加热设备内胆或加热夹套内水的渗漏，在加热系统进行水压试验、检修清洗时严禁混入水。要妥善存放二苯混合物，严禁混入杂质。

③使用无机物作为载体加热时，操作时特别注意在熔融的硝酸盐浴中，如加热温度过高，或硝酸盐漏入加热炉燃烧室中，或有机物落入硝酸盐浴内，均能发生燃烧或爆炸。水、酸类物质流入高温盐浴或金属浴中，会产生爆炸危险。采用金属浴加热，操作时还应防止金属蒸气对人体的危害。

④电加热。电加热的主要危险是电炉丝绝缘受到破坏，受潮后线路的短路以及接点不良而产生电火花电弧，电线发热等引燃物料，物料过热分解产生爆炸。

3. 冷却、冷凝与冷冻

（1）冷却、冷凝

①冷却指使热物体的温度降低而不发生相变化的过程；冷凝则指使热物体的温度

降低而发生相变化的过程，通常指物质从气态变成液态的过程。

在化工生产中，实现冷却、冷凝的设备通常是间壁式换热器，常用的冷却、冷凝介质是冷水、盐水等。一般情况，冷水所达到的冷却效果不低于0℃；浓度为20%盐水的冷却效果为 -15~0℃。

②严格检查冷却设备的密闭性，不允许物料蹿入冷却剂中，也不允许冷却剂蹿入被冷却的物料中（特别是酸性气体）。

③冷却操作时，冷却介质不能中断，否则会造成热量积聚，系统温度、压力骤增，引起爆炸。开车前首先清除冷凝器中的积液，然后通入冷却介质，最后通入高温物料。停车时，应首先停止通入被冷却的高温物料，再关闭冷却系统。

④有些凝固点较高的物料，被冷却后变得黏稠甚至凝固，在冷却时要注意控制温度，防止物料卡住搅拌器或堵塞设备及管道，造成事故。

（2）冷冻

冷冻指将物料的温度降到比周围环境温度更低的操作。冷冻操作的实质是借助于某种冷冻剂（如氟利昂、氨、乙烯、丙烯等）蒸发或膨胀时直接或间接地从需要冷冻的物料中取走热量来实现的。

①适当选择冷冻剂和操作过程，可以获得由摄氏零度至接近于绝对零度的任何程度的冷冻。凡是冷冻温度在 -100℃以内的称一般冷冻（冷冻），而冷冻温度范围在 -100℃以下的则称为深度冷冻（深冷）。在化工生产中，通常采用冷冻盐水（氯化钠、氯化钙、氯化镁等盐类的水溶液）间接制冷。

②某些冷冻剂易燃且有毒，应防止制冷剂泄漏。

③制冷系统压缩机、冷凝器、蒸发器以及管路，应有足够的耐压程度且气密性良好，防止设备、管路出现裂纹、泄漏。同时要加强安全阀、压力表等安全装置的检查、维护。

④制冷系统因发生事故或停电而紧急停止，应注意对被冷冻物料的排空处理。

4. 粉碎与筛分

（1）粉碎。通常将大块物料变成小块物料的操作称为破碎，将小块物料变成粉末的操作称为研磨。

粉碎操作最大的危险性是可燃粉尘与空气形成爆炸性混合物，遇点火源发生粉尘爆炸事故，操作时室内应通风良好，以减少粉尘含量。

（2）筛分。用具有不同尺寸筛孔的筛子将固体物料依照所规定的颗粒大小分开的操作称为筛分。通过筛分将固体颗粒按照粒度（块度）大小分级，选取符合工艺要求的粒度。

筛分最大的危险性是可燃粉尘与空气形成爆炸性混合物，遇点火源发生粉尘爆炸事故。在筛分操作过程中，粉尘如果具有可燃性，须注意因碰撞和静电而引起燃烧、爆炸。如粉尘具有毒性、吸水性或腐蚀性，须注意对呼吸器官及皮肤的保护，以防引起中毒或皮肤伤害。

5. 熔融与混合

（1）熔融是将固体物料通过加热使其熔化为液态的操作。如将氢氧化钠、氢氧化钾、萘、磺酸钠等熔融之后进行化学反应；将沥青、石蜡和松香等熔融之后便于使用和加工。熔融温度一般为 150～350℃，可采用烟道气、油浴或金属浴加热。

①进行熔融操作时，加料量应适宜，盛装量一般不超过设备容量的三分之二，并在熔融设备的台子上设置防溢装置，防止物料溢出与明火接触发生火灾。

②熔融过程中必须不间断地搅拌，使其加热均匀，以免局部过热、烧焦，导致熔融物喷出，造成烧伤。

（2）混合是指用机械或其他方法使两种或多种物料相互分散而达到均匀状态的操作，包括液体与液体的混合、固体与液体的混合、固体与固体的混合。用于液态的混合装置有机械搅拌、气流搅拌等。

混合操作是一个比较危险的过程。易燃液态物料在混合过程中发生蒸发，产生大量可燃蒸汽，若泄漏，将于空气形成爆炸性混合物，易燃粉状物料在混合过程中极易造成粉尘漂浮而导致粉尘爆炸。对于强放热的混合过程，若操作不当也具有极大的火灾爆炸危险性。

①混合易燃、易爆有毒物料时，混合设备应很好地密闭，并通入惰性气体进行保护。

②混合可燃物料时，设备应很好地接地，以导除静电，并在设备上安装爆破片。

③混合过程中物料放热时，搅拌不可中途停止，否则，会导致物料局部过热，可能产生爆炸。

6. 蒸发

蒸发是借加热作用使溶液中的溶剂不断气化，以提高溶液中溶质的浓度，或使溶质析出的物理过程。蒸发按其操作压力不同可分为常压、加压或减压蒸发。例如，氯碱工业中的碱液提浓、海水的淡化等。蒸发过程实际上就是一个传热过程。

被蒸发的溶液，也都具有一定的特性。如溶质在浓缩过程中可能有结晶、沉淀和污垢生成，这些将导致传热效率降低，并产生局部过热，促使物料分解、燃烧和爆炸。因此，加热部分需要经常清洗。

对热敏性物料的蒸发，须考虑温度控制问题。为防止热敏性物料的分解，可采用真空蒸发，以降低蒸发温度，或者尽量缩短溶液在蒸发器内停留的时间和与加热面接触的时间，可采用单程型蒸发器。

7. 干燥

干燥是利用干燥介质所提供的热能除去固体物料中的水分（或其他溶剂）的单元

操作。干燥所用的干燥介质有空气、烟道气、氮气或其他惰性介质。

干燥过程的主要危险有干燥温度、时间控制不当，造成物料分解爆炸，以及操作过程中散发出来的易燃易爆气体或粉尘与点火源接触而产生燃烧爆炸等。因此干燥过程的安全技术主要在于严格控制温度、时间及点火源。

8. 蒸馏与精馏

化工生产中常常要将混合物进行分离，以实现产品的提纯、回收或原料的精制。对于均相液体混合物，最常用的分离方法是蒸馏。要实现混合液的高纯度分离，需采用精馏操作。

蒸馏涉及加热、冷凝、冷却等单元操作，是一个比较复杂的过程，其危险性较大。因此，蒸馏过程中应注意：

（1）在常压蒸馏中应注意易燃液体的蒸馏热源不能采用明火，而采用水蒸气或过热水蒸气加热较安全。

（2）蒸馏腐蚀性液体，应防止塔壁、塔盘腐蚀，造成易燃液体或蒸气逸出，遇明火或灼热的炉壁而产生燃烧。

（3）蒸馏自燃点很低的液体，应注意蒸馏系统的密闭，防止因高温泄漏遇空气自燃。

（4）对于高温的蒸馏系统，应防止冷却水突然漏入塔内，这将会使水迅速汽化，塔内压力突然增高而将物料冲出或发生爆炸。启动前应将塔内和蒸汽管道内的冷凝水放空，然后使用。

（5）在常压蒸馏过程中，还应注意防止管道、阀门被凝固点较高的物质凝结堵塞，导致塔内压力升高而引起爆炸。

（6）在用直接火加热蒸馏高沸点物料时（如苯二甲酸酐），应防止产生自燃点很低的树脂油状物遇空气而自燃。同时，应防止蒸干，使残渣焦化结垢，引起局部过热而着火爆炸。

（7）油焦和残渣应经常清除。冷凝系统的冷却水或冷冻盐水不能中断，否则未冷凝的易燃蒸气逸出使局部吸收系统温度增高，或蹿出遇明火而引燃。

真空蒸馏（减压蒸馏）是一种比较安全的蒸馏方法。对于沸点较高、在高温下蒸馏时能引起分解、爆炸和聚合的物质，采用真空蒸馏较为合适。如硝基甲苯在高温下分解爆炸、苯乙烯在高温下易聚合，类似这类物质的蒸馏必须采用真空蒸馏的方法以降低流体的沸点，采用降低蒸馏温度的措施，确保其安全。

四、危险化学品使用安全要求

1. 使用危险化学品的单位，其使用条件（包括工艺）应当符合法律、行政法规的规定和国家标准、行业标准的要求，并根据所使用的危险化学品的种类、危险特性以及使用量和使用方式，建立、健全使用危险化学品的安全管理规章制度和安全操作规程，保证危险化学品的安全使用。

2. 使用危险化学品从事生产并且使用量达到规定数量的化工企业（属于危险化学品生产企业的除外，下同），应当依照《危险化学品安全管理条例》的规定取得危险化学品安全使用许可证。

3. 申请危险化学品安全使用许可证的化工企业，还应当具备下列条件：

（1）有与所使用的危险化学品相适应的专业技术人员；

（2）有安全管理机构和专职安全管理人员；

（3）有符合国家规定的危险化学品事故应急预案和必要的应急救援器材、设备；

（4）依法进行了安全评价。

4. 申请危险化学品安全使用许可证的化工企业，应当向所在地设区的市级人民政府安全生产监督管理部门提出申请，并提交其符合上面第 3 条规定条件的证明材料。设区的市级人民政府安全生产监督管理部门应当依法进行审查，自收到证明材料之日起 45 日内作出批准或者不予批准的决定。予以批准的，颁发危险化学品安全使用许可证；不予批准的，书面通知申请人并说明理由。

安全生产监督管理部门应当将其颁发危险化学品安全使用许可证的情况及时向同级环境保护主管部门和公安机关通报。

五、危险化学品储存

危险化学品因其具有不同程度的爆炸、易燃、毒害、腐蚀、放射性等危险特性，在储存保管上，不同于其他一般物质，需要加以特别防护。在做好一般物质储存管理工作的基础上，还要根据各类危险化学品的特性，采取各种有效的办法和措施加以严格管理，确保危险化学品储存安全，是从事危险化学品的工作人员必须高度重视的一项工作。国家对危险化学品的储存实行统一规划、合理布局和严格控制，并对危险化学品的储存实行审批制度，未经审批，任何单位和个人都不得储存危险化学品。

1. 危险化学品储存火灾危险性分类

储存物品的火灾危险性类别	储存物品的火灾危险性特征
甲	1. 闪点小于 28℃的液体，如汽油、甲醇、乙醇、乙醚、乙烷、丙酮、丙烯、甲酸甲酯、甲酸乙酯等； 2. 爆炸下限小于 10% 的气体，以及受到水或空气中水蒸气的作用，能产生爆炸下限小于 10% 气体的固体物质；如乙炔、氢、甲烷、乙烯、石油气、天然气、环氧乙烷等；

（续表）

储存物品的火灾危险性类别	储存物品的火灾危险性特征
	3. 常温下能自行分解或在空气中氧化能导致迅速自燃或爆炸的物质； 4. 常温下受到水或空气中水蒸气的作用，能产生可燃气体并能引起燃烧或爆炸的物质； 5. 遇酸、受热、撞击、摩擦以及遇有机物或硫黄等易燃的无机物，极易引起燃烧或爆炸的强氧化剂； 6. 受撞击、摩擦或与氧化剂、有机物接触时能引起燃烧或爆炸的物质
乙	1. 闪点不小于28℃，但小于60℃的液体； 2. 爆炸下限不小于10%的气体； 3. 不属于甲类的氧化剂； 4. 不属于甲类的易燃固体； 5. 助燃气体； 6. 常温下与空气接触能缓慢氧化，积热不散引起自燃的物品
丙	1. 闪点不小于60℃的液体； 2. 可燃固体
丁	难燃烧物品
戊	不燃烧物品

2. 危险化学品储存火灾危险性分析

物品储存的火灾危险因素表现在物品本身（内因）和储存环境（外因）两个方面。

（1）内因

①性质相互抵触的物品混存：两种或两种以上的，由于混合或接触而发生燃烧危险的物品，称作混合危险性物品，有时也称"性质相互抵触的物品"。这种混合危险性物品，在储运过程中有可能发生燃烧或爆炸。其原因是，这些物品在储运时，往往由于储存人员缺乏知识，或者有些危险化学品出厂时缺少标签，没有说明书，也有因一些单位储存场地减少，或者临时任意存放，而出现性质相互抵触的危险化学品混放的情况。

②产品变质：有些物品由于长期不用，往往因变质而引起事故。

（2）外因

①包装破坏或不符合要求。

危险化学品容器的包装损坏，或者出厂包装不符合要求，都会引起事故。常见的情况有：

硫酸坛之间用稻草等易燃物隔垫；

压缩气瓶不带安全帽；

金属钠、钾的容器泄漏；

盛装黄磷的容器缺水；

电石桶内充装的氮气泄漏；

瓶盖不严，瓶身上有瑕疵等。

②储存条件不符合要求。

储存仓库建筑条件差，设施不符合要求，造成库房内温度过高，通风不良，湿度过大，漏雨进水，阳光直射，缺少保暖措施，无雷电保护装置等，使某些性质不稳定或受储存条件影响易发生燃烧爆炸的化学物品引起燃烧爆炸事故。

③违反操作规程。

搬运危险化学品没有轻装轻卸；垛堆过高不稳，发生倒桩；或在库内改桩打包，封焊修理等，违反安全操作规程，造成事故。

④灭火方法不当。

发生火警时，因不熟悉危险化学品的性能和灭火方法，使用不适当的灭火器材反使火灾扩散，造成更大的危险。

⑤着火源控制不严。

着火源，指引起可燃物燃烧的一切热能源，包括明火焰、赤热体、火星、电火花和化学能等。在危险品储存过程中的着火源主要有两个方面：一是外来火种，如烟囱飞火、汽车排气管的火星、库房周围的明火作业、吸烟的烟头等；二是内部设备不良，操作不当引起的电火花、撞击火花、太阳能和化学能等。如电气设备不防爆或防爆等级不够，装卸作业使用铁质工程工具碰击打火，露天存放时太阳曝晒等。

3. 危险化学品储存企业必须具备的条件

（1）有符合国家标准的储存方式、设施。

（2）仓库周边防护距离符合国家标准或者国家有关规定。

（3）有符合储存需要的管理人员和技术人员。

（4）有健全的安全管理制度。

（5）有符合法律、法规规定和国家标准的其他条件。

4. 危险化学品储存的基本要求

（1）储存危险化学品必须遵照国家的法律、法规、技术规范和其他有关规定。

（2）危险化学品必须储存在经公安部门批准（审核、验收）的仓库内。

（3）危险化学品露天堆放，应符合防火、防爆的安全要求，爆炸物品、一级易燃物品、遇湿自燃物品、剧毒物品不得露天堆放。

（4）储存危险化学品的仓库必须配备具有危险化学品专业知识的技术人员，其库房及场地应设专人管理，管理人员必须配备可靠的个人安全防护用品。

（5）危险化学品按国家有关标准和规定分类存放。

（6）储存的危险化学品应有明显标志，标志应符合《危险货物包装标志》（GB 190-2009）的规定，同一区域储存两种或两种以上不同级别的危险化学品时，应按最高等级危险品性能标志。

5. 危险化学品的储存方式

（1）隔离储存：在同一仓间或同一区域内，不同的物质之间分开一定距离，非禁忌物质之间用通道保持一定空间的储存方式。

（2）隔开储存：在同一建筑或同一区域内，用实体墙等分隔物将其与禁忌物质分离开的储存方式。

（3）分离储存：将危险化学品储存在不同的建筑物内或远离所有建筑的外部区域的储存方式。

6. 危险化学品的储存原则

危险化学品必须按照"四定""三分"原则进行储存，即定库房、定品种、定数量、定人员；根据危险化学品的性质分区、分类、分库储存，各类危险化学品不得与禁忌物质混合储存。

7. 危险化学品储存安排及储存量限制

（1）危险化学品储存安排取决于危险化学品分类、分项、容器类型、储存方式和消防要求。

（2）爆炸物品不准和其他类物品同储，必须单独隔离限量储存。

（3）压缩气体和液化气体必须与爆炸物品、氧化剂、易燃物品、自燃物品、腐蚀性物品分离储存。易燃气体不得与助燃气体、有毒气体同储。

（4）易燃液体、遇湿易燃物品、易燃固体不得与氧化剂混合储存，具有还原性的氧化剂应单独存放。

（5）有毒物品应储存在阴凉、通风、干燥的场所，不得露天存放，不得接近酸类物质。

（6）腐蚀性物品，包装必须严密，不允许泄漏，严禁与液化气体和其他物品共存。

8. 储存危险化学品安全防范措施

（1）储存场所必须符合国家有关技术规范要求（设施、防火间距、建筑等）。

（2）专用仓库、货场或其他专用储存设施，从业人员须经消防安全培训合格的专人进行管理。

（3）应根据《危险货物品名表》（GB 12268-2012）分类分项储存，化学性质相抵触或灭火方法不同的危险化学品，不得在同一库房内储存。

（4）危险化学品的储存单位，必须建立入库验收、发货检查、出入库登记制度，凡包装、标志不符合国家标准，或破损、残缺、渗漏、变形和物品变质、分解的严禁出入库，并应妥善处理。

（5）建立健全各项规章制度和操作规程，加强火源、电源管理，严格执行各项规章制度和操作规程。

9.《仓库防火安全管理规则》有关规定

（1）甲、乙类桶装液体，不宜露天存放，必须露天存放时，在炎热季节必须采取降温措施。

（2）库存物品应当分类、分垛储存，每垛占地面积不宜大于100平方米，垛与垛间距不小于1米，垛与墙间距不小于0.5米，垛与梁、柱的间距不小于0.3米，主要通道的宽度不小于2米。

（3）甲、乙类物品和一般物品以及容易相互发生化学反应或者灭火方法不同的物品，必须分间、分库储存，并在醒目处标明物品的名称、性质和灭火方法。

（4）易自燃或遇水分解的物品，必须在温度较低、通风良好和空气干燥的场所储存，并安装专用仪器定时检测，严格控制湿度与温度。

（5）物品入库前应当有专人负责检查，确定无火种等隐患后，方准入库。

（6）甲、乙类物品的包装容器应当牢固、密封，发现破损、残缺、变形和物品变质、分解等情况时，应当及时进行安全处理，严防跑、冒、滴、漏。

（7）使用过的油棉纱、油手套等沾油纤维物品以及可燃包装，应当存放在安全地点，定期处理。

（8）库房内因物品防冻必须采暖时，应当采用水暖，其散热器、供暖管道与储存物品的距离不小于0.3米。

（9）甲、乙类物品库房内不准设办公室、休息室。其他库房必须设办公室时，可以贴邻库房一角设置无孔洞的一、二级耐火等级的建筑，其门窗直通库外，具体实施应当征得当地公安消防监督机构的同意。

（10）储存甲、乙、丙类物品的库房布局、储存类别不得擅自改变，如需改变的，应当报经当地公安消防监督机构的同意。

（11）汽车、拖拉机不准进入甲、乙、丙类物品库房。

（12）进入甲、乙类物品库房的电瓶车、铲车必须是防爆型的；进入丙类物品库房的电瓶车、铲车必须装有防止火花溅出装置。

（13）装卸甲、乙类物品时，操作人员不得穿戴易产生静电的工作服、帽和使用易产生火花的工具，严防震动、撞击、重压、摩擦和倒置。

（14）甲、乙类物品库房和丙类液体库房的电气装置，必须符合国家现行的有关爆炸危险场所的电气安全规定。

（15）库房内不准设置移动式照明灯具。照明灯具下方不准堆放物品，其垂直下方与储存物品水平间距不得小于 0.5 米。

（16）仓库应当设置醒目的防火标志。

（17）库区以及周围 50 米内，严禁燃放烟花爆竹。

六、危险化学品运输

1. 托运人的资质规定

《危险化学品安全管理条例》对危险化学品的托运人和邮寄人做出了明确的规定。综合起来有四条：

（1）通过公路、水路运输危险化学品的，托运人只能委托有危险化学品运输资质的运输企业承运。

（2）托运人托运危险化学品，应当向承运人说明运输的危险化学品的品名、数量、危害、应急措施等情况。

运输危险化学品需要添加抑制剂或者稳定剂的，托运人交付托运时应当添加抑制剂或者稳定剂，并告知承运人。

（3）托运人不得在托运的普通货物中夹带危险化学品，不得将危险化学品匿报或者谎报为普通货物托运。

（4）任何单位和个人不得邮寄或者在邮件内夹带危险化学品，不得将危险化学品匿报或者谎报为普通物品邮寄。

2. 危险化学品的运输要求

（1）运输、装卸危险化学品，应当依照有关法律、法规、规章的规定和国家标准的要求并按照危险化学品的危险特性，采取必要的安全防护措施。

（2）用于化学品运输工具的槽罐以及其他容器，必须依照《危险化学品安全管理条例》的规定，由专业生产企业定点生产，并经检测、检验合格，方可使用。质检部门应当对前款规定的专业生产企业定点生产的槽罐以及其他容器的产品质量进行定期的或者不定期的检查。

（3）运输危险化学品的槽罐以及其他容器必须封口严密，能够承受正常运输条件下产生的内部压力和外部压力，保证危险化学品运输中不因温度、湿度或者压力的变化而发生任何渗（洒）漏。

（4）装运危险货物的罐（槽）应适合所装货物的性能，具有足够的强度，并应根据不同货物的需要配备泄压阀、防波板、遮阳物、压力表、液位计、导除静电等相应的安全装置；罐（槽）外部的附件应有可靠的防护设施，必须保证所装货物不发生"跑、冒、滴、漏"并在阀门口装置积漏器。

（5）通过公路运输危险化学品，必须配备押运人员，并随时处于押运人员的监管之下，不得超装、超载，不得进入危险化学品运输车辆禁止通行的区域；确需进入禁止通行区域的，应当事先向当地公安部门报告，由公安部门为其指定行车时间和路线，运输车辆必须遵守公安部门规定的行车时间和路线。

危险化学品运输车辆禁止通行区域，由设区的市级人民政府公安部门划定，并设置明显的标志。

运输危险化学品途中需要停车住宿或者遇有无法正常运输的情况时，应当向当地公安部门报告。

（6）运输危险化学品的车辆应专车专用，并有明显标志，要符合交通管理部门对车辆和设备的规定：

①车厢、底板必须平坦完好，周围栏板必须牢固。

②机动车辆排气管必须装有有效的隔热和熄灭火星的装置，电路系统应有切断总电源和隔离火花的装置。

③车辆左前方必须悬挂黄底黑字"危险品"字样的信号旗。

④根据所装危险货物的性质，配备相应的消防器材和捆扎、防水、防散失等用具。

（7）应定期对装运放射性同位素的专用运输车辆、设备、搬动工具、防护用品进行放射性污染程度的检查，当污染量超过规定的允许水平时，不得继续使用。

（8）装运集装箱、大型气瓶、可移动罐（槽）等的车辆，必须设置有效的紧固装置。

（9）各种装卸机械、工器具要有足够的安全系数，装卸易燃、易爆危险货物的机械和工器具，必须有消除产生火花的措施。

（10）三轮机动车、全挂汽车列车、人力三轮车、自行车和摩托车不得装运爆炸品、一级氧化剂、有机过氧化物；拖拉机不得装运爆炸品、一级氧化剂、有机过氧化物、一级易燃品；自卸汽车除二级固体危险货物外，不得装运其他危险货物。

（11）危险化学品在运输中包装应牢固，各类危险化学品包装应符合 GB 12463 的规定。

（12）性质或消防方法相互抵触，以及配装号或类项不同的危险化学品不能装在同一车、船内运输。

（13）易燃、易爆品不能装在铁帮、铁底车、船内运输。

（14）易燃品闪点在28℃以下，气温高于28℃时应在夜间运输。

（15）运输危险化学品的车辆、船只应有防火安全措施。

（16）禁止无关人员搭乘运输危险化学品的车、船和其他运输工具。

（17）运输爆炸品和需凭证运输的危险化学品，应有运往地县、市公安部门的"爆炸品准运证"或"危险化学物品准运证"。

（18）通过航空运输危险化学品的，应按照国务院民航部门的有关规定执行。

七、危废处置

前面所讲，危险化学品具有易燃、易爆、腐蚀、毒害等危险特性，如果废弃危险化学品物管理、处置不当，不但会污染空气、水源和土壤，造成生态破坏，而且会对人体的安全与健康造成很大程度的危害。

1. 处置原则

（1）区别对待、分类处置、严格控制危险废物和放射性废物。

（2）集中处置原则。对危险废弃物实行集中处置，不仅可以节约人力、物力、财力，有利于监督管理，也是有效控制乃至消除危险废物污染危害的重要形式和主要技术手段。

（3）无害化处理原则。危险废弃物最终处置原则是合理地、最大限度地将危害废物与生物圈相隔离，减少有毒有害物质释放进入环境的速度和总量，将其在长期处置过程中对人类和环境的影响减至最低程度。

2. 处置方法

（1）固体废物的处置

① 处置危险废物。要使危险废物无害化通常采用的方法是使它们变成高度不溶性的物质，这就是固化或稳定化。目前常用的固化或稳定化方法有：水泥固化、石灰固化、塑性材料固化、有机聚合物固化、自凝胶固化、熔融固化和陶瓷固化。

② 处置工业固体废物。工业固体废物是指在工业、交通等生产过程中产生的固体废物。一般工业废物可以直接进入填埋场进行填埋。对于粒度很小的固体废物，为了防止填埋过程中引起粉尘污染，可装入编织袋后填埋。

（2）爆炸性物品的销毁。凡确认不能使用的爆炸性物品，必须予以销毁，在销毁以前应报告当地公安部门，选择适当的地点、时间及销毁方法。一般可采用以下4种方法：爆炸法、烧毁法、溶解法、化学分解法。

（3）有机过氧化物废物处理。有机过氧化物是一种易燃易爆品，其废物应从作业场所清除并销毁，销毁方法主要取决于该有机过氧化物的物化性质。根据其特性选择合适的方法处理，以免发生意外事故。处理方法主要有分解、烧毁、填埋。

第二章　安全生产法律法规及相关条款

第一节　中华人民共和国安全生产法（节选）

为了加强安全生产工作，防止和减少生产安全事故，保障人民群众生命财产安全，促进经济社会持续健康发展，适应地方安全生产需要，中华人民共和国第十二届全国人民代表大会常务委员会第十次会议决议通过《全国人民代表大会常务委员会关于修改〈中华人民共和国安全生产法〉的决定》，自 2014 年 12 月 1 日起施行。

一、基本规定

1. 安全生产工作应当以人为本，坚持安全发展，坚持安全第一、预防为主、综合治理的方针，强化和落实生产经营单位的主体责任，建立生产经营单位负责、职工参与、政府监管、行业自律和社会监督的机制。

2. 生产经营单位必须遵守本法和其他有关安全生产的法律、法规，加强安全生产管理，建立、健全安全生产责任制和安全生产规章制度，改善安全生产条件，推进安全生产标准化建设，提高安全生产水平，确保安全生产。

3. 生产经营单位的主要负责人对本单位的安全生产工作全面负责。

4. 生产经营单位的从业人员有依法获得安全生产保障的权利，并应当依法履行安全生产方面的义务。

5. 生产经营单位必须执行依法制定的保障安全生产的国家标准或者行业标准。

6. 国家实行生产安全事故责任追究制度，依照本法和有关法律、法规的规定，追究生产安全事故责任人员的法律责任。

二、生产经营单位的安全生产保障规定

1. 生产经营单位应当具备本法和有关法律、行政法规和国家标准或者行业标准规定的安全生产条件；不具备安全生产条件的，不得从事生产经营活动。

2. 危险物品的生产、经营、储存单位，应当设置安全生产管理机构或者配备专职安全生产管理人员。

3. 生产经营单位应当对从业人员进行安全生产教育和培训，保证从业人员具备必要的安全生产知识，熟悉有关的安全生产规章制度和安全操作规程，掌握本岗位的安全操作技能，了解事故应急处理措施，知悉自身在安全生产方面的权利和义务。未经安全生产教育和培训合格的从业人员，不得上岗作业。

4. 生产经营单位应当建立安全生产教育和培训档案，如实记录安全生产教育和培训的时间、内容、参加人员以及考核结果等情况。

5. 生产经营单位的特种作业人员必须按照国家有关规定经专门的安全作业培训，取得相应资格，方可上岗作业。

6. 生产经营单位新建、改建、扩建工程项目（以下统称建设项目）的安全设施，必须与主体工程同时设计、同时施工、同时投入生产和使用。安全设施投资应当纳入建设项目概算。

7. 生产经营单位应当在有较大危险因素的生产经营场所和有关设施、设备上，设置明显的安全警示标志。

8. 生产经营单位应当建立健全生产安全事故隐患排查治理制度，采取技术、管理措施，及时发现并消除事故隐患。事故隐患排查治理情况应当如实记录，并向从业人员通报。

9. 生产、经营、储存、使用危险物品的车间、商店、仓库不得与员工宿舍在同一座建筑物内，并应当与员工宿舍保持安全距离。

生产经营场所和员工宿舍应当设有符合紧急疏散要求、标志明显、保持畅通的出口。禁止锁闭、封堵生产经营场所或者员工宿舍的出口。

10. 生产经营单位应当教育和督促从业人员严格执行本单位的安全生产规章制度和安全操作规程；并向从业人员如实告知作业场所和工作岗位存在的危险因素、防范措施以及事故应急措施。

11. 生产经营单位必须为从业人员提供符合国家标准或者行业标准的劳动防护用品，并监督、教育从业人员按照使用规则佩戴、使用。

12. 生产经营单位的安全生产管理人员应当根据本单位的生产经营特点，对安全生产状况进行经常性检查；对检查中发现的安全问题，应当立即处理；不能处理的，应当及时报告本单位有关负责人，有关负责人应当及时处理。检查及处理情况应当如实记录在案。

生产经营单位的安全生产管理人员在检查中发现重大事故隐患，依照前款规定向本单位有关负责人报告，有关负责人不及时处理的，安全生产管理人员可以向主管的负有安全生产监督管理职责的部门报告，接到报告的部门应当依法及时处理。

13. 生产经营单位应当安排用于配备劳动防护用品、进行安全生产培训的经费。

14. 生产经营单位不得将生产经营项目、场所、设备发包或者出租给不具备安全生产条件或者相应资质的单位或者个人。

15. 生产经营单位发生生产安全事故时，单位的主要负责人应当立即组织抢救，并不得在事故调查处理期间擅离职守。

16. 生产经营单位必须依法参加工伤保险，为从业人员缴纳保险费。

三、从业人员的安全生产权利义务规定

1. 生产经营单位与从业人员订立的劳动合同，应当载明有关保障从业人员劳动安全、防止职业危害的事项，以及依法为从业人员办理工伤保险的事项。

生产经营单位不得以任何形式与从业人员订立协议，免除或者减轻其对从业人员因生产安全事故伤亡依法应承担的责任。

2. 生产经营单位的从业人员有权了解其作业场所和工作岗位存在的危险因素、防范措施及事故应急措施，有权对本单位的安全生产工作提出建议。

3. 从业人员有权对本单位安全生产工作中存在的问题提出批评、检举、控告；有权拒绝违章指挥和强令冒险作业。

生产经营单位不得因从业人员对本单位安全生产工作提出批评、检举、控告或者拒绝违章指挥、强令冒险作业而降低其工资、福利等待遇或者解除与其订立的劳动合同。

4. 从业人员发现直接危及人身安全的紧急情况时，有权停止作业或者在采取可能的应急措施后撤离作业场所。

生产经营单位不得因从业人员在前款紧急情况下停止作业或者采取紧急撤离措施而降低其工资、福利等待遇或者解除与其订立的劳动合同。

5. 因生产安全事故受到损害的从业人员，除依法享有工伤保险外，依照有关民事法律尚有获得赔偿的权利的，有权向本单位提出赔偿要求。

6. 从业人员在作业过程中，应当严格遵守本单位的安全生产规章制度和操作规程，服从管理，正确佩戴和使用劳动防护用品。

7. 从业人员应当接受安全生产教育和培训，掌握本职工作所需的安全生产知识，提高安全生产技能，增强事故预防和应急处理能力。

8. 从业人员发现事故隐患或者其他不安全因素，应当立即向现场安全生产管理人员或者本单位负责人报告；接到报告的人员应当及时予以处理。

四、生产安全事故的应急救援与调查处理规定

1. 生产经营单位应当制定本单位生产安全事故应急救援预案，与所在地县级以上

地方人民政府组织制定的生产安全事故应急救援预案相衔接，并定期组织演练。

2. 生产经营单位发生生产安全事故后，事故现场有关人员应当立即报告本单位负责人。单位负责人接到事故报告后，应当迅速采取有效措施，组织抢救，防止事故扩大，减少人员伤亡和财产损失，并按照国家有关规定立即如实报告当地负有安全生产监督管理职责的部门，不得隐瞒不报、谎报或者迟报，不得故意破坏事故现场、毁灭有关证据。

3. 任何单位和个人不得阻挠和干涉对事故的依法调查处理。

第二节　中华人民共和国消防法（节选）

《中华人民共和国消防法》于 1998 年 4 月 29 日第九届全国人民代表大会常务委员会第二次会议通过，2008 年 10 月 28 日第十一届全国人民代表大会常务委员会第五次会议修订，2019 年 4 月 23 日第十三届全国人民代表大会常务委员会第十次会议修正，自 2019 年 4 月 23 日起施行。

为了预防火灾和减少火灾危害，加强应急救援工作，保护人身、财产安全，维护公共安全，制定本法。

一、基本规定

1. 消防工作贯彻预防为主、防消结合的方针，按照政府统一领导、部门依法监管、单位全面负责、公民积极参与的原则，实行消防安全责任制，建立健全社会化的消防工作网络。

2. 任何单位和个人都有维护消防安全、保护消防设施、预防火灾、报告火警的义务。任何单位和成年人都有参加有组织的灭火工作的义务。

3. 各级人民政府应当组织开展经常性的消防宣传教育，提高公民的消防安全意识。

机关、团体、企业、事业等单位，应当加强对本单位人员的消防宣传教育。

二、火灾预防规定

1. 公众聚集场所在投入使用、营业前，建设单位或者使用单位应当向场所所在地的县级以上地方人民政府消防救援机构申请消防安全检查。

消防救援机构应当自受理申请之日起十个工作日内，根据消防技术标准和管理规定，对该场所进行消防安全检查。未经消防安全检查或者经检查不符合消防安全要求的，不得投入使用、营业。

2. 机关、团体、企业、事业等单位应当履行下列消防安全职责：

（1）落实消防安全责任制，制定本单位的消防安全制度、消防安全操作规程，制定灭火和应急疏散预案；

（2）按照国家标准、行业标准配置消防设施、器材，设置消防安全标志，并定期组织检验、维修，确保完好有效；

（3）对建筑消防设施每年至少进行一次全面检测，确保完好有效，检测记录应当完整准确，存档备查；

（4）保障疏散通道、安全出口、消防车通道畅通，保证防火防烟分区、防火间距符合消防技术标准；

（5）组织防火检查，及时消除火灾隐患；

（6）组织进行有针对性的消防演练；

（7）法律、法规规定的其他消防安全职责。

单位的主要负责人是本单位的消防安全责任人。

3. 消防安全重点单位除应当履行本法第十六条（指本节所引第2条）规定的职责外，还应当履行下列消防安全职责：

（1）确定消防安全管理人，组织实施本单位的消防安全管理工作；

（2）建立消防档案，确定消防安全重点部位，设置防火标志，实行严格管理；

（3）实行每日防火巡查，并建立巡查记录；

（4）对职工进行岗前消防安全培训，定期组织消防安全培训和消防演练。

4. 生产、储存、经营易燃易爆危险品的场所不得与居住场所设置在同一建筑物内，并应当与居住场所保持安全距离。

生产、储存、经营其他物品的场所与居住场所设置在同一建筑物内的，应当符合国家工程建设消防技术标准。

5. 禁止在具有火灾、爆炸危险的场所吸烟、使用明火。因施工等特殊情况需要使用明火作业的，应当按照规定事先办理审批手续，采取相应的消防安全措施；作业人员应当遵守消防安全规定。

进行电焊、气焊等具有火灾危险作业的人员和自动消防系统的操作人员，必须持证上岗，并遵守消防安全操作规程。

6. 生产、储存、装卸易燃易爆危险品的工厂、仓库和专用车站、码头的设置，应当符合消防技术标准。易燃易爆气体和液体的充装站、供应站、调压站，应当设置在符合消防安全要求的位置，并符合防火防爆要求。

7. 生产、储存、运输、销售、使用、销毁易燃易爆危险品，必须执行消防技术标准和管理规定。

进入生产、储存易燃易爆危险品的场所，必须执行消防安全规定。禁止非法携带易燃易爆危险品进入公共场所或者乘坐公共交通工具。

储存可燃物资仓库的管理，必须执行消防技术标准和管理规定。

8. 消防产品必须符合国家标准；没有国家标准的，必须符合行业标准。禁止生产、销售或者使用不合格的消防产品以及国家明令淘汰的消防产品。

9. 任何单位、个人不得损坏、挪用或者擅自拆除、停用消防设施、器材，不得埋压、圈占、遮挡消火栓或者占用防火间距，不得占用、堵塞、封闭疏散通道、安全出口、消防车通道。人员密集场所的门窗不得设置影响逃生和灭火救援的障碍物。

三、消防组织规定

下列单位应当建立单位专职消防队，承担本单位的火灾扑救工作：

（1）大型核设施单位、大型发电厂、民用机场、主要港口；

（2）生产、储存易燃易爆危险品的大型企业；

（3）储备可燃的重要物资的大型仓库、基地；

（4）第一项、第二项、第三项规定以外的火灾危险性较大、距离国家综合性消防救援队较远的其他大型企业；

（5）距离国家综合性消防救援队较远、被列为全国重点文物保护单位的古建筑群的管理单位。

四、灭火救援规定

任何人发现火灾都应当立即报警。任何单位、个人都应当无偿为报警提供便利，不得阻拦报警。严禁谎报火警。

任何单位发生火灾，必须立即组织力量扑救。邻近单位应当给予支援。

第三节　中华人民共和国职业病防治法（节选）

本法于 2001 年 10 月 27 日第九届全国人民代表大会常务委员会第二十四次会议通过，自 2002 年 5 月 1 日起施行。根据 2011 年 12 月 31 日第十一届全国人民代表大会常务委员会第二十四次会议《关于修改〈中华人民共和国职业病防治法〉的决定》第一次修正。根据 2016 年 7 月 2 日第十二届全国人民代表大会常务委员会第二十一次会议

《关于修改〈中华人民共和国节约能源法〉等六部法律的决定》第二次修正。根据2017年11月4日第十二届全国人民代表大会常务委员会第三十次会议《关于修改〈中华人民共和国会计法〉等十一部法律的决定》第三次修正。根据2018年12月29日第十三届全国人民代表大会常务委员会第七次会议《关于修改〈中华人民共和国劳动法〉等七部法律的决定》第四次修正。

为了预防、控制和消除职业病危害，防治职业病，保护劳动者健康及其相关权益，促进经济社会发展，根据宪法，制定本法。

本法所称职业病，是指企业、事业单位和个体经济组织等用人单位的劳动者在职业活动中，因接触粉尘、放射性物质和其他有毒、有害因素而引起的疾病。

一、基本规定

1. 职业病防治工作坚持预防为主、防治结合的方针，建立用人单位负责、行政机关监管、行业自律、职工参与和社会监督的机制，实行分类管理、综合治理。

2. 劳动者依法享有职业卫生保护的权利。

用人单位应当为劳动者创造符合国家职业卫生标准和卫生要求的工作环境和条件，并采取措施保障劳动者获得职业卫生保护。

3. 用人单位应当建立、健全职业病防治责任制，加强对职业病防治的管理，提高职业病防治水平，对本单位产生的职业病危害承担责任。

4. 用人单位的主要负责人对本单位的职业病防治工作全面负责。

5. 任何单位和个人有权对违反本法的行为进行检举和控告。有关部门收到相关的检举和控告后，应当及时处理。

对防治职业病成绩显著的单位和个人，给予奖励。

二、前期预防规定

1. 用人单位应当依照法律、法规要求，严格遵守国家职业卫生标准，落实职业病预防措施，从源头上控制和消除职业病危害。

2. 产生职业病危害的用人单位的设立除应当符合法律、行政法规规定的设立条件外，其工作场所还应当符合下列职业卫生要求：

（1）职业病危害因素的强度或者浓度符合国家职业卫生标准；

（2）有与职业病危害防护相适应的设施；

（3）生产布局合理，符合有害与无害作业分开的原则；

（4）有配套的更衣间、洗浴间、孕妇休息间等卫生设施；

（5）设备、工具、用具等设施符合保护劳动者生理、心理健康的要求；

（6）法律、行政法规和国务院卫生行政部门关于保护劳动者健康的其他要求。

三、劳动过程中的防护与管理规定

1. 用人单位应当采取下列职业病防治管理措施：

（1）设置或者指定职业卫生管理机构或者组织，配备专职或者兼职的职业卫生管理人员，负责本单位的职业病防治工作；

（2）制定职业病防治计划和实施方案；

（3）建立、健全职业卫生管理制度和操作规程；

（4）建立、健全职业卫生档案和劳动者健康监护档案；

（5）建立、健全工作场所职业病危害因素监测及评价制度；

（6）建立、健全职业病危害事故应急救援预案。

2. 用人单位应当保障职业病防治所需的资金投入，不得挤占、挪用，并对因资金投入不足导致的后果承担责任。

3. 用人单位必须采用有效的职业病防护设施，并为劳动者提供个人使用的职业病防护用品。

用人单位为劳动者个人提供的职业病防护用品必须符合防治职业病的要求；不符合要求的，不得使用。

4. 用人单位应当优先采用有利于防治职业病和保护劳动者健康的新技术、新工艺、新设备、新材料，逐步替代职业病危害严重的技术、工艺、设备、材料。

5. 产生职业病危害的用人单位，应当在醒目位置设置公告栏，公布有关职业病防治的规章制度、操作规程、职业病危害事故应急救援措施和工作场所职业病危害因素检测结果。

对产生严重职业病危害的作业岗位，应当在其醒目位置，设置警示标识和中文警示说明。警示说明应当载明产生职业病危害的种类、后果、预防以及应急救治措施等内容。

6. 对可能发生急性职业损伤的有毒、有害工作场所，用人单位应当设置报警装置，配置现场急救用品、冲洗设备、应急撤离通道和必要的泄险区。

对职业病防护设备、应急救援设施和个人使用的职业病防护用品，用人单位应当进行经常性的维护、检修，定期检测其性能和效果，确保其处于正常状态，不得擅自拆除或者停止使用。

7. 用人单位应当实施由专人负责的职业病危害因素日常监测，并确保监测系统处于正常运行状态。

用人单位应当按照国务院卫生行政部门的规定，定期对工作场所进行职业病危害因素检测、评价。检测、评价结果存入用人单位职业卫生档案，定期向所在地卫生行政部门报告并向劳动者公布。

发现工作场所职业病危害因素不符合国家职业卫生标准和卫生要求时，用人单位应当立即采取相应治理措施，仍然达不到国家职业卫生标准和卫生要求的，必须停止存在职业病危害因素的作业；职业病危害因素经治理后，符合国家职业卫生标准和卫生要求的，方可重新作业。

8. 任何单位和个人不得生产、经营、进口和使用国家明令禁止使用的可能产生职业病危害的设备或者材料。

9. 任何单位和个人不得将产生职业病危害的作业转移给不具备职业病防护条件的单位和个人。不具备职业病防护条件的单位和个人不得接受产生职业病危害的作业。

10. 用人单位与劳动者订立劳动合同（含聘用合同，下同）时，应当将工作过程中可能产生的职业病危害及其后果、职业病防护措施和待遇等如实告知劳动者，并在劳动合同中写明，不得隐瞒或者欺骗。

劳动者在已订立劳动合同期间因工作岗位或者工作内容变更，从事与所订立劳动合同中未告知的存在职业病危害的作业时，用人单位应当依照前款规定，向劳动者履行如实告知的义务，并协商变更原劳动合同相关条款。

用人单位违反前两款规定的，劳动者有权拒绝从事存在职业病危害的作业，用人单位不得因此解除与劳动者所订立的劳动合同。

11. 用人单位的主要负责人和职业卫生管理人员应当接受职业卫生培训，遵守职业病防治法律、法规，依法组织本单位的职业病防治工作。

用人单位应当对劳动者进行上岗前的职业卫生培训和在岗期间的定期职业卫生培训，普及职业卫生知识，督促劳动者遵守职业病防治法律、法规、规章和操作规程，指导劳动者正确使用职业病防护设备和个人使用的职业病防护用品。

劳动者应当学习和掌握相关的职业卫生知识，增强职业病防范意识，遵守职业病防治法律、法规、规章和操作规程，正确使用、维护职业病防护设备和个人使用的职业病防护用品，发现职业病危害事故隐患应当及时报告。

12. 对从事接触职业病危害的作业的劳动者，用人单位应当按照国务院、卫生行政部门的规定组织上岗前、在岗期间和离岗时的职业健康检查，并将检查结果书面告知劳动者。职业健康检查费用由用人单位承担。

用人单位不得安排未经上岗前职业健康检查的劳动者从事接触职业病危害的作业；不得安排有职业禁忌的劳动者从事其所禁忌的作业；对在职业健康检查中发现有与所从事的职业相关的健康损害的劳动者，应当调离原工作岗位，并妥善安置；对未进行离岗前职业健康检查的劳动者不得解除或者终止与其订立的劳动合同。

13. 用人单位应当为劳动者建立职业健康监护档案，并按照规定的期限妥善保存。

职业健康监护档案应当包括劳动者的职业史、职业病危害接触史、职业健康检查结果和职业病诊疗等有关个人健康资料。

劳动者离开用人单位时，有权索取本人职业健康监护档案复印件，用人单位应当如实、无偿提供，并在所提供的复印件上签章。

14. 用人单位不得安排未成年工从事接触职业病危害的作业；不得安排孕期、哺乳期的女职工从事对本人和胎儿、婴儿有危害的作业。

15. 劳动者享有下列职业卫生保护权利：

（1）获得职业卫生教育、培训；

（2）获得职业健康检查、职业病诊疗、康复等职业病防治服务；

（3）了解工作场所产生或者可能产生的职业病危害因素、危害后果和应当采取的职业病防护措施；

（4）要求用人单位提供符合防治职业病要求的职业病防护设施和个人使用的职业病防护用品，改善工作条件；

（5）对违反职业病防治法律、法规以及危及生命健康的行为提出批评、检举和控告；

（6）拒绝违章指挥和强令进行没有职业病防护措施的作业；

（7）参与用人单位职业卫生工作的民主管理，对职业病防治工作提出意见和建议。

第四节　中华人民共和国特种设备安全法（节选）

《中华人民共和国特种设备安全法》由中华人民共和国第十二届全国人民代表大会常务委员会第三次会议于 2013 年 6 月 29 日通过，自 2014 年 1 月 1 日起施行。

为了加强特种设备安全工作，预防特种设备事故，保障人身和财产安全，促进经济社会发展，制定本法。《中华人民共和国特种设备安全法》突出了特种设备生产、经营、使用单位的安全主体责任，明确规定在生产环节，生产企业对特种设备的质量负责。

一、基本规定

1. 特种设备的生产（包括设计、制造、安装、改造、修理）、经营、使用、检验、检测和特种设备安全的监督管理，适用本法。

本法所称特种设备，是指对人身和财产安全有较大危险性的锅炉、压力容器（含气瓶）、压力管道、电梯、起重机械、客运索道、大型游乐设施、场（厂）内专用机动车辆，以及法律、行政法规规定适用本法的其他特种设备。

2. 特种设备安全工作应当坚持安全第一、预防为主、节能环保、综合治理的原则。

3. 特种设备生产、经营、使用单位应当遵守本法和其他有关法律、法规，建立、健全特种设备安全和节能责任制度，加强特种设备安全和节能管理，确保特种设备生产、经营、使用安全，符合节能要求。

4. 特种设备生产、经营、使用、检验、检测应当遵守有关特种设备安全技术规范及相关标准。

5. 任何单位和个人有权向负责特种设备安全监督管理的部门和有关部门举报涉及特种设备安全的违法行为，接到举报的部门应当及时处理。

二、生产、经营、使用有关规定

1. 特种设备生产、经营、使用单位及其主要负责人对其生产、经营、使用的特种设备安全负责。

特种设备生产、经营、使用单位应当按照国家有关规定配备特种设备安全管理人员、检测人员和作业人员，并对其进行必要的安全教育和技能培训。

2. 特种设备安全管理人员、检测人员和作业人员应当按照国家有关规定取得相应资格，方可从事相关工作。特种设备安全管理人员、检测人员和作业人员应当严格执行安全技术规范和管理制度，保证特种设备安全。

3. 特种设备生产、经营、使用单位对其生产、经营、使用的特种设备应当进行自行检测和维护保养，对国家规定实行检验的特种设备应当及时申报并接受检验。

4. 特种设备销售单位销售的特种设备，应当符合安全技术规范及相关标准的要求，其设计文件、产品质量合格证明、安装及使用维护保养说明、监督检验证明等相关技术资料和文件应当齐全。

特种设备销售单位应当建立特种设备检查验收和销售记录制度。

禁止销售未取得许可生产的特种设备，未经检验和检验不合格的特种设备，或者国家明令淘汰和已经报废的特种设备。

5. 特种设备使用单位应当使用取得许可生产并经检验合格的特种设备。

禁止使用国家明令淘汰和已经报废的特种设备。

6. 特种设备使用单位应当在特种设备投入使用前或者投入使用后三十日内，向负责特种设备安全监督管理的部门办理使用登记，取得使用登记证书。登记标志应当置于该特种设备的显著位置。

7. 特种设备使用单位应当建立岗位责任、隐患治理、应急救援等安全管理制度，制定操作规程，保证特种设备安全运行。

8. 特种设备使用单位应当建立特种设备安全技术档案。安全技术档案应当包括以下内容:

(1)特种设备的设计文件、产品质量合格证明、安装及使用维护保养说明、监督检验证明等相关技术资料和文件;

(2)特种设备的定期检验和定期自行检查记录;

(3)特种设备的日常使用状况记录;

(4)特种设备及其附属仪器仪表的维护保养记录;

(5)特种设备的运行故障和事故记录。

9. 特种设备使用单位应当对其使用的特种设备进行经常性维护保养和定期自行检查,并作出记录。

特种设备使用单位应当对其使用的特种设备的安全附件、安全保护装置进行定期校验、检修,并作出记录。

10. 特种设备使用单位应当按照安全技术规范的要求,在检验合格有效期届满前一个月向特种设备检验机构提出定期检验要求。

未经定期检验或者检验不合格的特种设备,不得继续使用。

11. 特种设备安全管理人员应当对特种设备使用状况进行经常性检查,发现问题应当立即处理;情况紧急时,可以决定停止使用特种设备并及时报告本单位有关负责人。

特种设备作业人员在作业过程中发现事故隐患或者其他不安全因素,应当立即向特种设备安全管理人员和单位有关负责人报告;特种设备运行不正常时,特种设备作业人员应当按照操作规程采取有效措施保证安全。

12. 特种设备出现故障或者发生异常情况,特种设备使用单位应当对其进行全面检查,消除事故隐患,方可继续使用。

13. 特种设备进行改造、修理,按照规定需要变更使用登记的,应当办理变更登记,方可继续使用。

14. 特种设备存在严重事故隐患,无改造、修理价值,或者达到安全技术规范规定的其他报废条件的,特种设备使用单位应当依法履行报废义务,采取必要措施消除该特种设备的使用功能,并向原登记的负责特种设备安全监督管理的部门办理使用登记证书注销手续。

三、检验检测规定

1. 从事本法规定的监督检验、定期检验的特种设备检验机构,以及为特种设备生产、经营、使用提供检测服务的特种设备检测机构,应当具备下列条件,并经负责特种设备安全监督管理的部门核准,方可从事检验、检测工作:

（1）有与检验、检测工作相适应的检验、检测人员；

（2）有与检验、检测工作相适应的检验、检测仪器和设备；

（3）有健全的检验、检测管理制度和责任制度。

2．特种设备检验、检测机构的检验、检测人员应当经考核，取得检验、检测人员资格，方可从事检验、检测工作。

特种设备检验、检测机构的检验、检测人员不得同时在两个以上检验、检测机构中执业；变更执业机构的，应当依法办理变更手续。

3．特种设备检验、检测工作应当遵守法律、行政法规的规定，并按照安全技术规范的要求进行。

特种设备检验、检测机构及其检验、检测人员应当依法为特种设备生产、经营、使用单位提供安全、可靠、便捷、诚信的检验、检测服务。

4．特种设备检验、检测机构及其检验、检测人员应当客观、公正、及时地出具检验、检测报告，并对检验、检测结果和鉴定结论负责。

5．特种设备生产、经营、使用单位应当按照安全技术规范的要求向特种设备检验、检测机构及其检验、检测人员提供特种设备相关资料和必要的检验、检测条件，并对资料的真实性负责。

6．特种设备检验、检测机构及其检验、检测人员对检验、检测过程中知悉的商业秘密，负有保密义务。

特种设备检验、检测机构及其检验、检测人员不得从事有关特种设备的生产、经营活动，不得推荐或者监制、监销特种设备。

四、事故应急救援与调查处理规定

1．特种设备发生事故后，事故发生单位应当按照应急预案采取措施，组织抢救，防止事故扩大，减少人员伤亡和财产损失，保护事故现场和有关证据，并及时向事故发生地县级以上人民政府负责特种设备安全监督管理的部门和有关部门报告。

与事故相关的单位和人员不得迟报、谎报或者瞒报事故情况，不得隐匿、毁灭有关证据或者故意破坏事故现场。

2．特种设备发生特别重大事故，由国务院或者国务院授权有关部门组织事故调查组进行调查。

发生重大事故，由国务院负责特种设备安全监督管理的部门会同有关部门组织事故调查组进行调查。

发生较大事故，由省、自治区、直辖市人民政府负责特种设备安全监督管理的部门会同有关部门组织事故调查组进行调查。

发生一般事故，由设区的市级人民政府负责特种设备安全监督管理的部门会同有关部门组织事故调查组进行调查。

事故调查组应当依法、独立、公正开展调查，提出事故调查报告。

3. 事故责任单位应当依法落实整改措施，预防同类事故发生。事故造成损害的，事故责任单位应当依法承担赔偿责任。

第五节　中华人民共和国道路交通安全法（节选）

《中华人民共和国道路交通安全法》是为了维护道路交通秩序，预防和减少交通事故，保护人身安全，保护公民、法人和其他组织的财产安全及其他合法权益，提高通行效率而制定的。2003 年 10 月 28 日第十届全国人民代表大会常务委员会第五次会议通过。

《关于修改〈中华人民共和国道路交通安全法〉的决定》已由中华人民共和国第十一届全国人民代表大会常务委员会第二十次会议于 2011 年 4 月 22 日通过，自 2011 年 5 月 1 日起施行。

一、基本规定

1. 中华人民共和国境内的车辆驾驶人、行人、乘车人以及与道路交通活动有关的单位和个人，都应当遵守本法。

2. 道路交通安全工作，应当遵循依法管理、方便群众的原则，保障道路交通有序、安全、畅通。

3. 机关、部队、企业事业单位、社会团体以及其他组织，应当对本单位的人员进行道路交通安全教育。

二、车辆和驾驶人规定

1. 国家对机动车实行登记制度。机动车经公安机关交通管理部门登记后，方可上道路行驶。尚未登记的机动车，需要临时上道路行驶的，应当取得临时通行牌证。

2. 驾驶机动车上道路行驶，应当悬挂机动车号牌，放置检验合格标志、保险标志，并随车携带机动车行驶证。

机动车号牌应当按照规定悬挂并保持清晰、完整，不得故意遮挡、污损。

任何单位和个人不得收缴、扣留机动车号牌。

3. 对登记后上道路行驶的机动车，应当依照法律、行政法规的规定，根据车辆用途、载客载货数量、使用年限等不同情况，定期进行安全技术检验。对提供机动车行驶证和机动车第三者责任强制保险单的，机动车安全技术检验机构应当予以检验，任何单位不得附加其他条件。对符合机动车国家安全技术标准的，公安机关交通管理部门应当发给检验合格标志。

4. 任何单位或者个人不得有下列行为：

（1）拼装机动车或者擅自改变机动车已登记的结构、构造或者特征；

（2）改变机动车型号、发动机号、车架号或者车辆识别代号；

（3）伪造、变造或者使用伪造、变造的机动车登记证书、号牌、行驶证、检验合格标志、保险标志；

（4）使用其他机动车的登记证书、号牌、行驶证、检验合格标志、保险标志。

5. 依法应当登记的非机动车，经公安机关交通管理部门登记后，方可上道路行驶。

6. 驾驶机动车，应当依法取得机动车驾驶证。

驾驶人应当按照驾驶证载明的准驾车型驾驶机动车；驾驶机动车时，应当随身携带机动车驾驶证。

公安机关交通管理部门以外的任何单位或者个人，不得收缴、扣留机动车驾驶证。

7. 驾驶人驾驶机动车上道路行驶前，应当对机动车的安全技术性能进行认真检查；不得驾驶安全设施不全或者机件不符合技术标准等具有安全隐患的机动车。

8. 机动车驾驶人应当遵守道路交通安全法律、法规的规定，按照操作规范安全驾驶、文明驾驶。

饮酒、服用国家管制的精神药品或者麻醉药品，或者患有妨碍安全驾驶机动车的疾病，或者过度疲劳影响安全驾驶的，不得驾驶机动车。

任何人不得强迫、指使、纵容驾驶人违反道路交通安全法律、法规和机动车安全驾驶要求驾驶机动车。

9. 公安机关交通管理部门对机动车驾驶人违反道路交通安全法律、法规的行为，除依法给予行政处罚外，实行累积记分制度。公安机关交通管理部门对累积记分达到规定分值的机动车驾驶人，扣留机动车驾驶证，对其进行道路交通安全法律、法规教育，重新考试；考试合格的，发还其机动车驾驶证。

对遵守道路交通安全法律、法规，在一年内无累积记分的机动车驾驶人，可以延长机动车驾驶证的审验期。具体办法由国务院公安部门规定。

三、道路通行条件规定

1. 全国实行统一的道路交通信号。

交通信号包括交通信号灯、交通标志、交通标线和交通警察的指挥。

交通信号灯、交通标志、交通标线的设置应当符合道路交通安全、畅通的要求和国家标准，并保持清晰、醒目、准确、完好。

2. 交通信号灯由红灯、绿灯、黄灯组成。红灯表示禁止通行，绿灯表示准许通行，黄灯表示警示。

3. 铁路与道路平面交叉的道口，应当设置警示灯、警示标志或者安全防护设施。无人看守的铁路道口，应当在距道口一定距离处设置警示标志。

4. 任何单位和个人不得擅自设置、移动、占用、损毁交通信号灯、交通标志、交通标线。

道路两侧及隔离带上种植的树木或者其他植物，设置的广告牌、管线等，应当与交通设施保持必要的距离，不得遮挡路灯、交通信号灯、交通标志，不得妨碍安全视距，不得影响通行。

5. 未经许可，任何单位和个人不得占用道路从事非交通活动。

6. 因工程建设需要占用、挖掘道路，或者跨越、穿越道路架设、增设管线设施，应当事先征得道路主管部门的同意；影响交通安全的，还应当征得公安机关交通管理部门的同意。

施工作业单位应当在经批准的路段和时间内施工作业，并在距离施工作业地点来车方向安全距离处设置明显的安全警示标志，采取防护措施；施工作业完毕，应当迅速清除道路上的障碍物，消除安全隐患，经道路主管部门和公安机关交通管理部门验收合格，符合通行要求后，方可恢复通行。

对未中断交通的施工作业道路，公安机关交通管理部门应当加强交通安全监督检查，维护道路交通秩序。

四、道路通行规定

1. 机动车、非机动车实行右侧通行。

2. 根据道路条件和通行需要，道路划分为机动车道、非机动车道和人行道的，机动车、非机动车、行人实行分道通行。没有划分机动车道、非机动车道和人行道的，机动车在道路中间通行，非机动车和行人在道路两侧通行。

3. 道路划设专用车道的，在专用车道内，只准许规定的车辆通行，其他车辆不得进入专用车道内行驶。

4. 车辆、行人应当按照交通信号通行；遇有交通警察现场指挥时，应当按照交通警察的指挥通行；在没有交通信号的道路上，应当在确保安全、畅通的原则下通行。

5. 公安机关交通管理部门根据道路和交通流量的具体情况，可以对机动车、非机动车、行人采取疏导、限制通行、禁止通行等措施。遇有大型群众性活动、大范围施工等情况，需要采取限制交通的措施，或者作出与公众的道路交通活动直接有关的决定，应当提前向社会公告。

6. 机动车上道路行驶，不得超过限速标志标明的最高时速。在没有限速标志的路段，应当保持安全车速。

夜间行驶或者在容易发生危险的路段行驶，以及遇有沙尘、冰雹、雨、雪、雾、结冰等气象条件时，应当降低行驶速度。

7. 同车道行驶的机动车，后车应当与前车保持足以采取紧急制动措施的安全距离。有下列情形之一的，不得超车：

（1）前车正在左转弯、掉头、超车的；

（2）与对面来车有会车可能的；

（3）前车为执行紧急任务的警车、消防车、救护车、工程救险车的；

（4）行经铁路道口、交叉路口、窄桥、弯道、陡坡、隧道、人行横道、市区交通流量大的路段等没有超车条件的。

8. 机动车通过交叉路口，应当按照交通信号灯、交通标志、交通标线或者交通警察的指挥通过；通过没有交通信号灯、交通标志、交通标线或者交通警察指挥的交叉路口时，应当减速慢行，并让行人和优先通行的车辆先行。

9. 机动车遇有前方车辆停车排队等候或者缓慢行驶时，不得借道超车或者占用对面车道，不得穿插等候的车辆。

在车道减少的路段、路口，或者在没有交通信号灯、交通标志、交通标线或者交通警察指挥的交叉路口遇到停车排队等候或者缓慢行驶时，机动车应当依次交替通行。

10. 机动车通过铁路道口时，应当按照交通信号或者管理人员的指挥通行；没有交通信号或者管理人员的，应当减速或者停车，在确认安全后通过。

11. 机动车行经人行横道时，应当减速行驶；遇行人正在通过人行横道，应当停车让行。

机动车行经没有交通信号的道路时，遇行人横过道路，应当避让。

12. 机动车载物应当符合核定的载质量，严禁超载；载物的长、宽、高不得违反装载要求，不得遗洒、飘散载运物。

机动车运载超限的不可解体的物品，影响交通安全的，应当按照公安机关交通管理部门指定的时间、路线、速度行驶，悬挂明显标志。在公路上运载超限的不可解体的物品，并应当依照公路法的规定执行。

机动车载运爆炸物品、易燃易爆化学物品以及剧毒、放射性等危险物品，应当经公安机关批准后，按指定的时间、路线、速度行驶，悬挂警示标志并采取必要的安全措施。

13. 机动车载人不得超过核定的人数，客运机动车不得违反规定载货。

14. 禁止货运机动车载客。

货运机动车需要附载作业人员的，应当设置保护作业人员的安全措施。

15. 机动车行驶时，驾驶人、乘坐人员应当按规定使用安全带，摩托车驾驶人及乘坐人员应当按规定戴安全头盔。

16. 机动车在道路上发生故障，需要停车排除故障时，驾驶人应当立即开启危险报警闪光灯，将机动车移至不妨碍交通的地方停放；难以移动的，应当持续开启危险报警闪光灯，并在来车方向设置警告标志等措施扩大示警距离，必要时迅速报警。

17. 机动车应当在规定地点停放。禁止在人行道上停放机动车。

在道路上临时停车的，不得妨碍其他车辆和行人通行。

五、高速公路的特别规定

1. 行人、非机动车、拖拉机、轮式专用机械车、铰接式客车、全挂拖斗车以及其他设计最高时速低于七十公里的机动车，不得进入高速公路。高速公路限速标志标明的最高时速不得超过一百二十公里。

2. 机动车在高速公路上发生故障时，应当依照本法第五十二条的有关规定办理；但是，警告标志应当设置在故障车来车方向一百五十米以外，车上人员应当迅速转移到右侧路肩上或者应急车道内，并且迅速报警。

机动车在高速公路上发生故障或者交通事故，无法正常行驶的，应当由救援车、清障车拖曳、牵引。

3. 任何单位、个人不得在高速公路上拦截检查行驶的车辆，公安机关的人民警察依法执行紧急公务除外。

六、交通事故处理

1. 在道路上发生交通事故，车辆驾驶人应当立即停车，保护现场；造成人身伤亡的，车辆驾驶人应当立即抢救受伤人员，并迅速报告执勤的交通警察或者公安机关交通管理部门。因抢救受伤人员变动现场的，应当标明位置。乘车人、过往车辆驾驶人、过往行人应当予以协助。

在道路上发生交通事故，未造成人身伤亡，当事人对事实及成因无争议的，可以即行撤离现场，恢复交通，自行协商处理损害赔偿事宜；不即行撤离现场的，应当迅速报告执勤的交通警察或者公安机关交通管理部门。

在道路上发生交通事故，仅造成轻微财产损失，并且基本事实清楚的，当事人应当先撤离现场再进行协商处理。

2. 车辆发生交通事故后逃逸的，事故现场目击人员和其他知情人员应当向公安机关交通管理部门或者交通警察举报。举报属实的，公安机关交通管理部门应当给予奖励。

3．对交通事故损害赔偿的争议，当事人可以请求公安机关交通管理部门调解，也可以直接向人民法院提起民事诉讼。

经公安机关交通管理部门调解，当事人未达成协议或者调解书生效后不履行的，当事人可以向人民法院提起民事诉讼。

七、执法监督规定

任何单位和个人都有权对公安机关交通管理部门及其交通警察不严格执法以及违法违纪行为进行检举、控告。收到检举、控告的机关，应当依据职责及时查处。

八、法律责任规定

1．对道路交通安全违法行为的处罚种类包括：警告、罚款、暂扣或者吊销机动车驾驶证、拘留。

2．机动车驾驶人违反道路交通安全法律、法规关于道路通行规定的，处警告或者二十元以上二百元以下罚款。本法另有规定的，依照规定处罚。

3．饮酒后驾驶机动车的，处暂扣六个月机动车驾驶证，并处一千元以上二千元以下罚款。因饮酒后驾驶机动车被处罚，再次饮酒后驾驶机动车的，处十日以下拘留，并处一千元以上二千元以下罚款，吊销机动车驾驶证。

醉酒驾驶机动车的，由公安机关交通管理部门约束至酒醒，吊销机动车驾驶证，依法追究刑事责任；五年内不得重新取得机动车驾驶证。

饮酒后驾驶营运机动车的，处十五日拘留，并处五千元罚款，吊销机动车驾驶证，五年内不得重新取得机动车驾驶证。

醉酒驾驶营运机动车的，由公安机关交通管理部门约束至酒醒，吊销机动车驾驶证，依法追究刑事责任；十年内不得重新取得机动车驾驶证，重新取得机动车驾驶证后，不得驾驶营运机动车。

饮酒后或者醉酒驾驶机动车发生重大交通事故，构成犯罪的，依法追究刑事责任，并由公安机关交通管理部门吊销机动车驾驶证，终生不得重新取得机动车驾驶证。

4．对违反道路安全法律、法规关于机动车停放、临时停车规定的，可以指出违法行为，并予以口头警告，令其立即驶离。机动车驾驶人不在现场或者虽在现场但拒绝立即驶离，妨碍其他车辆、行人通行的，处二十元以上二百元以下罚款，并可以将该机动车拖移至不妨碍交通的地点或者公安机关交通管理部门指定的地点停放。公安机关交通管理部门拖车不得向当事人收取费用，并应当及时告知当事人停放地点。

因采取不正确的方法拖车造成机动车损坏的，应当依法承担补偿责任。

5. 上道路行驶的机动车未悬挂机动车号牌，未放置检验合格标志、保险标志，或者未随车携带行驶证、驾驶证的，公安机关交通管理部门应当扣留机动车，通知当事人 提供相应的牌证、标志或者补办相应手续，并依法予以处罚。当事人提供相应的牌证、标志或者补办相应手续的，应当及时退还机动车。

故意遮挡、污损或者不按规定安装机动车号牌的，依照本法第九十条的规定予以处罚。

6. 伪造、变造或者使用伪造、变造的机动车登记证书、号牌、行驶证、驾驶证的，由公安机关交通管理部门予以收缴，扣留该机动车，处十五日以下拘留，并处二千元以上五千元以下罚款；构成犯罪的，依法追究刑事责任。

伪造、变造或者使用伪造、变造的检验合格标志、保险标志的，由公安机关交通管理部门予以收缴，扣留该机动车，处十日以下拘留，并处一千元以上三千元以下罚款；构成犯罪的，依法追究刑事责任。

使用其他车辆的机动车登记证书、号牌、行驶证、检验合格标志、保险标志的，由公安机关交通管理部门予以收缴，扣留该机动车，处二千元以上五千元以下罚款。

7. 非法安装警报器、标志灯具的，由公安机关交通管理部门强制拆除，予以收缴，并处二百元以上二千元以下罚款。

8. 机动车所有人、管理人未按照国家规定投保机动车第三者责任强制保险的，由公安机关交通管理部门扣留车辆至依照规定投保后，并处依照规定投保最低责任限额应缴纳的保险费的二倍罚款。

9. 有下列行为之一的，由公安机关交通管理部门处二百元以上二千元以下罚款：

（1）未取得机动车驾驶证、机动车驾驶证被吊销或者机动车驾驶证被暂扣期间驾驶机动车的；

（2）将机动车交由未取得机动车驾驶证或者机动车驾驶证被吊销、暂扣的人驾驶的；

（3）造成交通事故后逃逸，尚不构成犯罪的；

（4）机动车行驶超过规定时速百分之五十的；

（5）强迫机动车驾驶人违反道路交通安全法律、法规和机动车安全驾驶要求驾驶机动车，造成交通事故，尚不构成犯罪的；

（6）违反交通管制的规定强行通行，不听劝阻的；

（7）故意损毁、移动、涂改交通设施，造成危害后果，尚不构成犯罪的；

（8）非法拦截、扣留机动车辆，不听劝阻，造成交通严重阻塞或者较大财产损失的。

行为人有前款第二项、第四项情形之一的，可以并处吊销机动车驾驶证；有第一项、第三项、第五项至第八项情形之一的，可以并处十五日以下拘留。

10. 违反道路交通安全法律、法规的规定，发生重大交通事故，构成犯罪的，依法追究刑事责任，并由公安机关交通管理部门吊销机动车驾驶证。

造成交通事故后逃逸的，由公安机关交通管理部门吊销机动车驾驶证，且终生不得重新取得机动车驾驶证。

第六节　石油天然气管道保护法（节选）

《中华人民共和国石油天然气管道保护法》是为了保护石油、天然气管道，保障石油、天然气输送安全，维护国家能源安全和公共安全，制定的法律。由中华人民共和国第十一届全国人民代表大会常务委员会第十五次会议于 2010 年 6 月 25 日通过，自 2010 年 10 月 1 日起施行。

一、基本规定

1. 中华人民共和国境内输送石油、天然气的管道的保护，适用本法。

城镇燃气管道和炼油、化工等企业厂区内管道的保护，不适用本法。

2. 本法所称石油包括原油和成品油，所称天然气包括天然气、煤层气和煤制气。

本法所称管道包括管道及管道附属设施。

3. 管道企业应当遵守本法和有关规划、建设、安全生产、质量监督、环境保护等法律、行政法规，执行国家技术规范的强制性要求，建立、健全本企业有关管道保护的规章制度和操作规程并组织实施，宣传管道安全与保护知识，履行管道保护义务，接受人民政府及其有关部门依法实施的监督，保障管道安全运行。

4. 任何单位和个人不得实施危害管道安全的行为。

对危害管道安全的行为，任何单位和个人有权向县级以上地方人民政府主管管道保护工作的部门或者其他有关部门举报。接到举报的部门应当在职责范围内及时处理。

5. 国家鼓励和促进管道保护新技术的研究开发和推广应用。

二、管道规划与建设规定

1. 管道企业应当根据全国管道发展规划编制管道建设规划，并将管道建设规划确定的管道建设选线方案报送拟建管道所在地县级以上地方人民政府城乡规划主管部门审核；经审核符合城乡规划的，应当依法纳入当地城乡规划。

纳入城乡规划的管道建设用地，不得擅自改变用途。

2. 管道建设的选线应当避开地震活动断层和容易发生洪灾、地质灾害的区域,与建筑物、构筑物、铁路、公路、航道、港口、市政设施、军事设施、电缆、光缆等保持本法和有关法律、行政法规以及国家技术规范的强制性要求规定的保护距离。

3. 管道建设应当遵守法律、行政法规有关建设工程质量管理的规定。

管道的安全保护设施应当与管道主体工程同时设计、同时施工、同时投入使用。

4. 管道企业应当按照国家技术规范的强制性要求在管道沿线设置管道标志。管道标志毁损或者安全警示不清的,管道企业应当及时修复或者更新。

5. 管道建成后应当按照国家有关规定进行竣工验收。竣工验收应当审查管道是否符合本法规定的管道保护要求,经验收合格方可正式交付使用。

三、管道运行中的保护规定

1. 管道企业应当建立、健全管道巡护制度,配备专门人员对管道线路进行日常巡护。管道巡护人员发现危害管道安全的情形或者隐患,应当按照规定及时处理和报告。

2. 管道企业应当定期对管道进行检测、维修,确保其处于良好状态;对管道安全风险较大的区段和场所应当进行重点监测,采取有效措施防止管道事故的发生。

对不符合安全使用条件的管道,管道企业应当及时更新、改造或者停止使用。

3. 管道企业应当配备管道保护所必需的人员和技术装备,研究开发和使用先进适用的管道保护技术,保证管道保护所必需的经费投入,并对在管道保护中作出突出贡献的单位和个人给予奖励。

4. 管道企业发现管道存在安全隐患,应当及时排除。对管道存在的外部安全隐患,管道企业自身排除确有困难的,应当向县级以上地方人民政府主管管道保护工作的部门报告。接到报告的主管管道保护工作的部门应当及时协调排除或者报请人民政府及时组织排除安全隐患。

5. 管道企业对管道进行巡护、检测、维修等作业,管道沿线的有关单位、个人应当给予必要的便利。

因管道巡护、检测、维修等作业给土地使用权人或者其他单位、个人造成损失的,管道企业应当依法给予赔偿。

6. 禁止下列危害管道安全的行为:

(1)擅自开启、关闭管道阀门;

(2)采用移动、切割、打孔、砸撬、拆卸等手段损坏管道;

(3)移动、毁损、涂改管道标志;

(4)在埋地管道上方巡查便道上行驶重型车辆;

(5)在地面管道线路、架空管道线路和管桥上行走或者放置重物。

7. 在管道线路中心线两侧各五米地域范围内,禁止下列危害管道安全的行为:

（1）种植乔木、灌木、藤类、芦苇、竹子或者其他根系深达管道埋设部位可能损坏管道防腐层的深根植物；

（2）取土、采石、用火、堆放重物、排放腐蚀性物质、使用机械工具进行挖掘施工；

（3）挖塘、修渠、修晒场、修建水产养殖场、建温室、建家畜棚圈、建房以及修建其他建筑物、构筑物。

8. 在穿越河流的管道线路中心线两侧各五百米地域范围内，禁止抛锚、拖锚、挖砂、挖泥、采石、水下爆破。但是，在保障管道安全的条件下，为防洪和航道通畅而进行的养护疏浚作业除外。

9. 未经管道企业同意，其他单位不得使用管道专用伴行道路、管道水工防护设施、管道专用隧道等管道附属设施。

10. 管道企业应当制定本企业管道事故应急预案，并报管道所在地县级人民政府主管管道保护工作的部门备案；配备抢险救援人员和设备，并定期进行管道事故应急救援演练。

11. 发生管道事故，管道企业应当立即启动本企业管道事故应急预案，按照规定及时通报可能受到事故危害的单位和居民，采取有效措施消除或者减轻事故危害，并依照有关事故调查处理的法律、行政法规的规定，向事故发生地县级人民政府主管管道保护工作的部门、安全生产监督管理部门和其他有关部门报告。

12. 管道泄漏的石油和因管道抢修排放的石油造成环境污染的，管道企业应当及时治理。因第三人的行为致使管道泄漏造成环境污染的，管道企业有权向第三人追偿治理费用。

13. 管道泄漏的石油和因管道抢修排放的石油，由管道企业回收、处理，任何单位和个人不得侵占、盗窃、哄抢。

14. 管道停止运行、封存、报废的，管道企业应当采取必要的安全防护措施，并报县级以上地方人民政府主管管道保护工作的部门备案。

第七节　危险化学品安全管理条例（节选）

《危险化学品安全管理条例》于 2002 年 1 月 26 日公布，并于 2002 年 3 月 15 日施行。2011 年 2 月 16 日国务院第 144 次常务会议修订通过。根据 2013 年 12 月 7 日《国务院关于修改部分行政法规的决定》修订，自 2013 年 12 月 7 日起实施。

该条例旨在加强危险化学品的安全管理，预防和减少危险化学品事故，保障人民群众生命财产安全，保护环境。

一、基本规定

1. 危险化学品，是指具有毒害、腐蚀、爆炸、燃烧、助燃等性质，对人体、设施、环境具有危害的剧毒化学品和其他化学品。

2. 生产、储存、使用、经营、运输危险化学品的单位（以下统称危险化学品单位）的主要负责人对本单位的危险化学品安全管理工作全面负责。

3. 危险化学品单位应当具备法律、行政法规规定和国家标准、行业标准要求的安全条件，建立、健全安全管理规章制度和岗位安全责任制度，对从业人员进行安全教育、法制教育和岗位技术培训。从业人员应当接受教育和培训，考核合格后上岗作业；对有资格要求的岗位，应当配备依法取得相应资格的人员。

二、危险化学品的生产、储存和使用规定

1. 任何单位和个人不得生产、经营、使用国家禁止生产、经营、使用的危险化学品。

国家对危险化学品的使用有限制性规定的，任何单位和个人不得违反限制性规定使用危险化学品。

2. 新建、改建、扩建生产、储存危险化学品的建设项目（以下简称建设项目），应当由安全生产监督管理部门进行安全条件审查。

建设单位应当对建设项目进行安全条件论证，委托具备国家规定的资质条件的机构对建设项目进行安全评价，并将安全条件论证和安全评价的情况报告报建设项目所在地设区的市级以上人民政府安全生产监督管理部门；安全生产监督管理部门应当自收到报告之日起45日内作出审查决定，并书面通知建设单位。具体办法由国务院安全生产监督管理部门制定。

3. 危险化学品生产企业进行生产前，应当依照《安全生产许可证条例》的规定，取得危险化学品安全生产许可证。

生产列入国家实行生产许可证制度的工业产品目录的危险化学品的企业，依照《中华人民共和国工业产品生产许可证管理条例》的规定，取得工业产品生产许可证。

负责颁发危险化学品安全生产许可证、工业产品生产许可证的部门，应当将其颁发许可证的情况及时向同级工业和信息化主管部门、环境保护主管部门和公安机关通报。

4. 危险化学品生产企业应当提供与其生产的危险化学品相符的化学品安全技术说

明书，并在危险化学品包装（包括外包装件）上粘贴或者拴挂与包装内危险化学品相符的化学品安全标签。化学品安全技术说明书和化学品安全标签所载明的内容应当符合国家标准的要求。

危险化学品生产企业发现其生产的危险化学品有新的危险特性的，应当立即公告，并及时修订其化学品安全技术说明书和化学品安全标签。

5. 生产、储存危险化学品的单位，应当根据其生产、储存的危险化学品的种类和危险特性，在作业场所设置相应的监测、监控、通风、防晒、调温、防火、灭火、防爆、泄压、防毒、中和、防潮、防雷、防静电、防腐、防泄漏以及防护围堤或者隔离操作等安全设施、设备，并按照国家标准、行业标准或者国家有关规定对安全设施、设备进行经常性维护、保养，保证安全设施、设备的正常使用。

生产、储存危险化学品的单位，应当在其作业场所和安全设施、设备上设置明显的安全警示标志。

6. 生产、储存危险化学品的单位，应当在其作业场所设置通信、报警装置，并保证处于适用状态。

7. 生产、储存剧毒化学品或者国务院公安部门规定的可用于制造爆炸物品的危险化学品（以下简称易制爆危险化学品）的单位，应当如实记录其生产、储存的剧毒化学品、易制爆危险化学品的数量、流向，并采取必要的安全防范措施，防止剧毒化学品、易制爆危险化学品丢失或者被盗；发现剧毒化学品、易制爆危险化学品丢失或者被盗的，应当立即向当地公安机关报告。

8. 危险化学品应当储存在专用仓库、专用场地或者专用储存室（以下统称专用仓库）内，并由专人负责管理；剧毒化学品以及储存数量构成重大危险源的其他危险化学品，应当在专用仓库内单独存放，并实行双人收发、双人保管制度。

9. 生产、储存危险化学品的单位转产、停产、停业或者解散的，应当采取有效措施，及时、妥善处置其危险化学品生产装置、储存设施以及库存的危险化学品，不得丢弃危险化学品；处置方案应当报所在地县级人民政府安全生产监督管理部门、工业和信息化主管部门、环境保护主管部门和公安机关备案。安全生产监督管理部门应当会同环境保护主管部门和公安机关对处置情况进行监督检查，发现未依照规定处置的，应当责令其立即处置。

10. 使用危险化学品从事生产并且使用量达到规定数量的化工企业（属于危险化学品生产企业的除外，下同），应当依照本条例的规定取得危险化学品安全使用许可证。

三、危险化学品的经营

1. 国家对危险化学品经营（包括仓储经营，下同）实行许可制度。未经许可，任何单位和个人不得经营危险化学品。

依法设立的危险化学品生产企业在其厂区范围内销售本企业生产的危险化学品，不需要取得危险化学品经营许可。

2. 从事危险化学品经营的企业应当具备下列条件：

（1）有符合国家标准、行业标准的经营场所，储存危险化学品的，还应当有符合国家标准、行业标准的储存设施；

（2）从业人员经过专业技术培训并经考核合格；

（3）有健全的安全管理规章制度；

（4）有专职安全管理人员；

（5）有符合国家规定的危险化学品事故应急预案和必要的应急救援器材、设备；

（6）法律、法规规定的其他条件。

四、危险化学品的运输

1. 从事危险化学品道路运输、水路运输的，应当分别依照有关道路运输、水路运输的法律、行政法规的规定，取得危险货物道路运输许可、危险货物水路运输许可，并向工商行政管理部门办理登记手续。

危险化学品道路运输企业、水路运输企业应当配备专职安全管理人员。

2. 危险化学品道路运输企业、水路运输企业的驾驶人员、船员、装卸管理人员、押运人员、申报人员、集装箱装箱现场检查员应当经交通运输主管部门考核合格，取得从业资格。具体办法由国务院交通运输主管部门制定。

危险化学品的装卸作业应当遵守安全作业标准、规程和制度，并在装卸管理人员的现场指挥或者监控下进行。水路运输危险化学品的集装箱装箱作业应当在集装箱装箱现场检查员的指挥或者监控下进行，并符合积载、隔离的规范和要求；装箱作业完毕后，集装箱装箱现场检查员应当签署装箱证明书。

3. 运输危险化学品，应当根据危险化学品的危险特性采取相应的安全防护措施，并配备必要的防护用品和应急救援器材。

用于运输危险化学品的槽罐以及其他容器应当封口严密，能够防止危险化学品在运输过程中因温度、湿度或者压力的变化发生渗漏、洒漏；槽罐以及其他容器的溢流和泄压装置应当设置准确、起闭灵活。

运输危险化学品的驾驶人员、船员、装卸管理人员、押运人员、申报人员、集装箱装箱现场检查员，应当了解所运输的危险化学品的危险特性及其包装物、容器的使用要求和出现危险情况时的应急处置方法。

4. 通过道路运输危险化学品的，托运人应当委托依法取得危险货物道路运输许可的企业承运。

5. 通过道路运输危险化学品的，应当配备押运人员，并保证所运输的危险化学品处于押运人员的监控之下。

运输危险化学品途中因住宿或者发生影响正常运输的情况，需要较长时间停车的，驾驶人员、押运人员应当采取相应的安全防范措施；运输剧毒化学品或者易制爆危险化学品的，还应当向当地公安机关报告。

6. 剧毒化学品、易制爆危险化学品在道路运输途中丢失、被盗、被抢或者出现流散、泄漏等情况的，驾驶人员、押运人员应当立即采取相应的警示措施和安全措施，并向当地公安机关报告。公安机关接到报告后，应当根据实际情况立即向安全生产监督管理部门、环境保护主管部门、卫生主管部门通报。有关部门应当采取必要的应急处置措施。

7. 禁止通过内河封闭水域运输剧毒化学品以及国家规定禁止通过内河运输的其他危险化学品。

前款规定以外的内河水域，禁止运输国家规定禁止通过内河运输的剧毒化学品以及其他危险化学品。

禁止通过内河运输的剧毒化学品以及其他危险化学品的范围，由国务院交通运输主管部门会同国务院环境保护主管部门、工业和信息化主管部门、安全生产监督管理部门，根据危险化学品的危险特性、危险化学品对人体和水环境的危害程度以及消除危害后果的难易程度等因素规定并公布。

8. 托运人不得在托运的普通货物中夹带危险化学品，不得将危险化学品匿报或者谎报为普通货物托运。

任何单位和个人不得交寄危险化学品或者在邮件、快件内夹带危险化学品，不得将危险化学品匿报或者谎报为普通物品交寄。邮政企业、快递企业不得收寄危险化学品。

对涉嫌违反本条第一款、第二款规定的，交通运输主管部门、邮政管理部门可以依法开拆查验。

五、危险化学品事故应急救援

1. 危险化学品单位应当制定本单位危险化学品事故应急预案，配备应急救援人员和必要的应急救援器材、设备，并定期组织应急救援演练。

危险化学品单位应当将其危险化学品事故应急预案报所在地设区的市级人民政府安全生产监督管理部门备案。

2. 发生危险化学品事故，事故单位主要负责人应当立即按照本单位危险化学品应急预案组织救援，并向当地安全生产监督管理部门和环境保护、公安、卫生主管部门报告；道路运输、水路运输过程中发生危险化学品事故的，驾驶人员、船员或者押运人员还应当向事故发生地交通运输主管部门报告。

3．发生危险化学品事故，有关地方人民政府应当立即组织安全生产监督管理、环境保护、公安、卫生、交通运输等有关部门，按照本地区危险化学品事故应急预案组织实施救援，不得拖延、推诿。

有关地方人民政府及其有关部门应当按照下列规定，采取必要的应急处置措施，减少事故损失，防止事故蔓延、扩大：

（1）立即组织营救和救治受害人员，疏散、撤离或者采取其他措施保护危害区域内的其他人员；

（2）迅速控制危害源，测定危险化学品的性质、事故的危害区域及危害程度；

（3）针对事故对人体、动植物、土壤、水源、大气造成的现实危害和可能产生的危害，迅速采取封闭、隔离、洗消等措施；

（4）对危险化学品事故造成的环境污染和生态破坏状况进行监测、评估，并采取相应的环境污染治理和生态修复措施。

第八节　生产安全事故报告及调查处理条例（节选）

《生产安全事故报告和调查处理条例》于 2007 年 3 月 28 日国务院第 172 次常务会议通过，自 2007 年 6 月 1 日起施行。此条例是为了规范生产安全事故的报告和调查处理，落实生产安全事故责任追究制度，防止和减少生产安全事故，根据《中华人民共和国安全生产法》和有关法律而制定。

一、基本规定

1．生产经营活动中发生的造成人身伤亡或者直接经济损失的生产安全事故的报告和调查处理，适用本条例；环境污染事故、核设施事故、国防科研生产事故的报告和调查处理不适用本条例。

2．根据生产安全事故（以下简称事故）造成的人员伤亡或者直接经济损失，事故一般分为以下等级：

（1）特别重大事故，是指造成 30 人以上死亡，或者 100 人以上重伤（包括急性工业中毒，下同），或者 1 亿元以上直接经济损失的事故；

（2）重大事故，是指造成 10 人以上 30 人以下死亡，或者 50 人以上 100 人以下重伤，或者 5000 万元以上 1 亿元以下直接经济损失的事故；

（3）较大事故，是指造成 3 人以上 10 人以下死亡，或者 10 人以上 50 人以下重伤，或者 1000 万元以上 5000 万元以下直接经济损失的事故；

（4）一般事故，是指造成 3 人以下死亡，或者 10 人以下重伤，或者 1000 万元以下直接经济损失的事故。

本款所称的"以上"包括本数，所称的"以下"不包括本数。

3. 事故报告应当及时、准确、完整，任何单位和个人对事故不得迟报、漏报、谎报或者瞒报。

事故调查处理应当坚持实事求是、尊重科学的原则，及时、准确地查清事故经过、事故原因和事故损失，查明事故性质，认定事故责任，总结事故教训，提出整改措施，并对事故责任者依法追究责任。

4. 任何单位和个人不得阻挠和干涉对事故的报告和依法调查处理。

5. 对事故报告和调查处理中的违法行为，任何单位和个人有权向安全生产监督管理部门、监察机关或者其他有关部门举报，接到举报的部门应当依法及时处理。

二、事故报告规定

1. 事故发生后，事故现场有关人员应当立即向本单位负责人报告；单位负责人接到报告后，应当于 1 小时内向事故发生地县级以上人民政府安全生产监督管理部门和负有安全生产监督管理职责的有关部门报告。

情况紧急时，事故现场有关人员可以直接向事故发生地县级以上人民政府安全生产监督管理部门和负有安全生产监督管理职责的有关部门报告。

2. 报告事故应当包括下列内容：

（1）事故发生单位概况；

（2）事故发生的时间、地点以及事故现场情况；

（3）事故的简要经过；

（4）事故已经造成或者可能造成的伤亡人数（包括下落不明的人数）和初步估计的直接经济损失；

（5）已经采取的措施；

（6）其他应当报告的情况。

3. 事故报告后出现新情况的，应当及时补报。

自事故发生之日起 30 日内，事故造成的伤亡人数发生变化的，应当及时补报。道路交通事故、火灾事故自发生之日起 7 日内，事故造成的伤亡人数发生变化的，应当及时补报。

4. 事故发生单位负责人接到事故报告后，应当立即启动事故相应应急预案，或者采取有效措施，组织抢救，防止事故扩大，减少人员伤亡和财产损失。

5. 事故发生后，有关单位和人员应当妥善保护事故现场以及相关证据，任何单位和个人不得破坏事故现场、毁灭相关证据。

因抢救人员、防止事故扩大以及疏通交通等原因，需要移动事故现场物件的，应当做出标志，绘制现场简图并做出书面记录，妥善保存现场重要痕迹、物证。

三、事故调查规定

1. 特别重大事故由国务院或者国务院授权有关部门组织事故调查组进行调查。

重大事故、较大事故、一般事故分别由事故发生地省级人民政府、设区的市级人民政府、县级人民政府负责调查。省级人民政府、设区的市级人民政府、县级人民政府可以直接组织事故调查组进行调查，也可以授权或者委托有关部门组织事故调查组进行调查。

未造成人员伤亡的一般事故，县级人民政府也可以委托事故发生单位组织事故调查组进行调查。

2. 事故调查组有权向有关单位和个人了解与事故有关的情况，并要求其提供相关文件、资料，有关单位和个人不得拒绝。

事故发生单位的负责人和有关人员在事故调查期间不得擅离职守，并应当随时接受事故调查组的询问，如实提供有关情况。

事故调查中发现涉嫌犯罪的，事故调查组应当及时将有关材料或者其复印件移交司法机关处理。

3. 事故调查组应当自事故发生之日起 60 日内提交事故调查报告；特殊情况下，经负责事故调查的人民政府批准，提交事故调查报告的期限可以适当延长，但延长的期限最长不超过 60 日。

4. 事故调查报告应当包括下列内容：
（1）事故发生单位概况；
（2）事故发生经过和事故救援情况；
（3）事故造成的人员伤亡和直接经济损失；
（4）事故发生的原因和事故性质；
（5）事故责任的认定以及对事故责任者的处理建议；
（6）事故防范和整改措施。

四、事故处理规定

1. 事故发生单位应当认真吸取事故教训，落实防范和整改措施，防止事故再次发生。防范和整改措施的落实情况应当接受工会和职工的监督。

2. 事故发生单位主要负责人有下列行为之一的，处上一年年收入40%至80%的罚款；属于国家工作人员的，并依法给予处分；构成犯罪的，依法追究刑事责任：

（1）不立即组织事故抢救的；

（2）迟报或者漏报事故的；

（3）在事故调查处理期间擅离职守的。

3. 事故发生单位及其有关人员有下列行为之一的，对事故发生单位处100万元以上500万元以下的罚款；对主要负责人、直接负责的主管人员和其他直接责任人员处上一年年收入60%至100%的罚款；属于国家工作人员的，并依法给予处分；构成违反治安管理行为的，由公安机关依法给予治安管理处罚；构成犯罪的，依法追究刑事责任：

（1）谎报或者瞒报事故的；

（2）伪造或者故意破坏事故现场的；

（3）转移、隐匿资金、财产，或者销毁有关证据、资料的；

（4）拒绝接受调查或者拒绝提供有关情况和资料的；

（5）在事故调查中作伪证或者指使他人作伪证的；

（6）事故发生后逃匿的。

4. 事故发生单位对事故发生负有责任的，依照下列规定处以罚款：

（1）发生一般事故的，处10万元以上20万元以下的罚款；

（2）发生较大事故的，处20万元以上50万元以下的罚款；

（3）发生重大事故的，处50万元以上200万元以下的罚款；

（4）发生特别重大事故的，处200万元以上500万元以下的罚款。

5. 事故发生单位对事故发生负有责任的，由有关部门依法暂扣或者吊销其有关证照；对事故发生单位负有事故责任的有关人员，依法暂停或者撤销其与安全生产有关的执业资格、岗位证书。

6. 参与事故调查的人员在事故调查中有下列行为之一的，依法给予处分；构成犯罪的，依法追究刑事责任：

（1）对事故调查工作不负责任，致使事故调查工作有重大疏漏的；

（2）包庇、袒护负有事故责任的人员或者借机打击报复的。

第九节　特种作业人员安全技术培训考核管理规定（节选）

《特种作业人员安全技术培训考核管理规定》于2010年4月26日国家安全生产监

督管理总局局长办公会议审议通过，自2010年7月1日起施行。为了规范特种作业人员的安全技术培训考核工作，提高特种作业人员的安全技术水平，防止和减少伤亡事故，根据《安全生产法》《行政许可法》等有关法律、行政法规，制定本规定。

该规定于2015年重新进行了修订，自2015年7月1日起施行。

一、基本规定

1. 生产经营单位特种作业人员的安全技术培训、考核、发证、复审及其监督管理工作，适用本规定。

2. 本规定所称特种作业，是指容易发生事故，对操作者本人、他人的安全健康及设备、设施的安全可能造成重大危害的作业。特种作业的范围由特种作业目录规定。

本规定所称特种作业人员，是指直接从事特种作业的从业人员。

3. 特种作业人员应当符合下列条件：

（1）年满18周岁，且不超过国家法定退休年龄；

（2）经社区或者县级以上医疗机构体检健康合格，并无妨碍从事相应特种作业的器质性心脏病、癫痫病、美尼尔氏症、眩晕症、癔病、震颤麻痹症、精神病、痴呆症以及其他疾病和生理缺陷；

（3）具有初中及以上文化程度；

（4）具备必要的安全技术知识与技能；

（5）相应特种作业规定的其他条件。

危险化学品特种作业人员除符合前款第（1）项、第（2）项、第（4）项和第（5）项规定的条件外，应当具备高中或者相当于高中及以上文化程度。

4. 特种作业人员必须经专门的安全技术培训并考核合格，取得《中华人民共和国特种作业操作证》（以下简称特种作业操作证）后，方可上岗作业。

5. 特种作业人员的安全技术培训、考核、发证、复审工作实行统一监管、分级实施、教考分离的原则。

6. 对特种作业人员安全技术培训、考核、发证、复审工作中的违法行为，任何单位和个人均有权向安全监管总局、煤矿安监局和省、自治区、直辖市及设区的市人民政府安全生产监督管理部门、负责煤矿特种作业人员考核发证工作的部门或者指定的机构举报。

二、培训规定

1. 特种作业人员应当接受与其所从事的特种作业相应的安全技术理论培训和实际操作培训。

已经取得职业高中、技工学校及中专以上学历的毕业生从事与其所学专业相应的特种作业，持学历证明经考核发证机关同意，可以免予相关专业的培训。

跨省、自治区、直辖市从业的特种作业人员，可以在户籍所在地或者从业所在地参加培训。

2. 对特种作业人员的安全技术培训，具备安全培训条件的生产经营单位应当以自主培训为主，也可以委托具备安全培训条件的机构进行培训。

不具备安全培训条件的生产经营单位，应当委托具备安全培训条件的机构进行培训。

生产经营单位委托其他机构进行特种作业人员安全技术培训的，保证安全技术培训的责任仍由本单位负责。

三、考核发证规定

1. 特种作业人员的考核包括考试和审核两部分。考试由考核发证机关或其委托的单位负责；审核由考核发证机关负责。

2. 参加特种作业操作资格考试的人员，应当填写考试申请表，由申请人或者申请人的用人单位持学历证明或者培训机构出具的培训证明向申请人户籍所在地或者从业所在地的考核发证机关或其委托的单位提出申请。

考核发证机关或其委托的单位收到申请后，应当在 60 日内组织考试。

特种作业操作资格考试包括安全技术理论考试和实际操作考试两部分。考试不及格的，允许补考 1 次。经补考仍不及格的，重新参加相应的安全技术培训。

3. 考核发证机关或其委托承担特种作业操作资格考试的单位，应当在考试结束后 10 个工作日内公布考试成绩。

4. 符合本规定第四条规定并经考试合格的特种作业人员，应当向其户籍所在地或者从业所在地的考核发证机关申请办理特种作业操作证，并提交身份证复印件、学历证书复印件、体检证明、考试合格证明等材料。

5. 收到申请的考核发证机关应当在 5 个工作日内完成对特种作业人员所提交申请材料的审查，作出受理或者不予受理的决定。能够当场作出受理决定的，应当当场作出受理决定；申请材料不齐全或者不符合要求的，应当当场或者在 5 个工作日内一次告知申请人需要补正的全部内容，逾期不告知的，视为自收到申请材料之日起即已被受理。

6. 对已经受理的申请，考核发证机关应当在 20 个工作日内完成审核工作。符合条件的，颁发特种作业操作证；不符合条件的，应当说明理由。

7. 特种作业操作证有效期为 6 年，在全国范围内有效。

特种作业操作证由安全监管总局统一式样、标准及编号。

8. 特种作业操作证遗失的，应当向原考核发证机关提出书面申请，经原考核发证机关审查同意后，予以补发。

特种作业操作证所记载的信息发生变化或者损毁的，应当向原考核发证机关提出书面申请，经原考核发证机关审查确认后，予以更换或者更新。

四、复审及监督管理规定

1. 特种作业操作证每 3 年复审 1 次。

特种作业人员在特种作业操作证有效期内，连续从事本工种 10 年以上，严格遵守有关安全生产法律法规的，经原考核发证机关或者从业所在地考核发证机关同意，特种作业操作证的复审时间可以延长至每 6 年 1 次。

2. 特种作业操作证需要复审的，应当在期满前 60 日内，由申请人或者申请人的用人单位向原考核发证机关或者从业所在地考核发证机关提出申请，并提交下列材料：

（1）社区或者县级以上医疗机构出具的健康证明；

（2）从事特种作业的情况；

（3）安全培训考试合格记录。

特种作业操作证有效期届满需要延期换证的，应当按照前款的规定申请延期复审。

3. 特种作业操作证申请复审或者延期复审前，特种作业人员应当参加必要的安全培训并考试合格。

安全培训时间不少于 8 个学时，主要培训法律、法规、标准、事故案例和有关新工艺、新技术、新装备等知识。

4. 申请复审的，考核发证机关应当在收到申请之日起 20 个工作日内完成复审工作。复审合格的，由考核发证机关签章、登记，予以确认；不合格的，说明理由。

申请延期复审的，经复审合格后，由考核发证机关重新颁发特种作业操作证。

5. 特种作业人员有下列情形之一的，复审或者延期复审不予通过：

（1）健康体检不合格的；

（2）违章操作造成严重后果或者有 2 次以上违章行为，并经查证确实的；

（3）有安全生产违法行为，并给予行政处罚的；

（4）拒绝、阻碍安全生产监管监察部门监督检查的；

（5）未按规定参加安全培训，或者考试不合格的；

（6）具有本规定第三十条、第三十一条规定情形的。

6. 再复审、延期复审仍不合格，或者未按期复审的，特种作业操作证失效。

7. 离开特种作业岗位 6 个月以上的特种作业人员，应当重新进行实际操作考试，经确认合格后方可上岗作业。

8. 生产经营单位应当加强对本单位特种作业人员的管理，建立健全特种作业人员培训、复审档案，做好申报、培训、考核、复审的组织工作和日常的检查工作。

9. 特种作业人员在劳动合同期满后变动工作单位的，原工作单位不得以任何理由扣押其特种作业操作证。

跨省、自治区、直辖市从业的特种作业人员应当接受从业所在地考核发证机关的监督管理。

10. 生产经营单位不得印制、伪造、倒卖特种作业操作证，或者使用非法印制、伪造、倒卖的特种作业操作证。

特种作业人员不得伪造、涂改、转借、转让、冒用特种作业操作证或者使用伪造的特种作业操作证。

第十节 生产经营单位安全培训规定（节选）

为了加强和规范生产经营单位安全培训工作，提高从业人员安全素质，防范伤亡事故，减轻职业危害，根据安全生产法和有关法律、行政法规，制定本规定。

工矿商贸生产经营单位（以下简称生产经营单位）从业人员的安全培训，适用本规定。

一、基本规定

1. 生产经营单位负责本单位从业人员安全培训工作。

生产经营单位应当按照安全生产法和有关法律、行政法规和本规定，建立健全安全培训工作制度。

2. 生产经营单位应当进行安全培训的从业人员包括主要负责人、安全生产管理人员、特种作业人员和其他从业人员。

生产经营单位从业人员应当接受安全培训，熟悉有关安全生产规章制度和安全操作规程，具备必要的安全生产知识，掌握本岗位的安全操作技能，增强预防事故、控制职业危害和应急处理的能力。未经安全培训合格的从业人员，不得上岗作业。

二、从业人员的安全培训规定

1. 煤矿、非煤矿山、危险化学品、烟花爆竹、金属冶炼等生产经营单位必须对新上岗的临时工、合同工、劳务工、轮换工、协议工等进行强制性安全培训，保证其具备本岗位安全操作、自救互救以及应急处置所需的知识和技能后，方能安排上岗作业。

2. 加工、制造业等生产单位的其他从业人员，在上岗前必须经过厂（矿）、车间（工段、区、队）、班组三级安全培训教育。

生产经营单位应当根据工作性质对其他从业人员进行安全培训，保证其具备本岗位安全操作、应急处置等知识和技能。

3. 生产经营单位新上岗的从业人员，岗前安全培训时间不得少于24学时。

煤矿、非煤矿山、危险化学品、烟花爆竹等生产经营单位新上岗的从业人员安全培训时间不得少于72学时，每年再培训的时间不得少于20学时。

4. 厂（矿）级岗前安全培训内容应当包括：

（1）本单位安全生产情况及安全生产基本知识；

（2）本单位安全生产规章制度和劳动纪律；

（3）从业人员安全生产权利和义务；

（4）有关事故案例等。

煤矿、非煤矿山、危险化学品、烟花爆竹等生产经营单位厂（矿）级安全培训除包括上述内容外，应当增加事故应急救援、事故应急预案演练及防范措施等内容。

5. 车间（工段、区、队）级岗前安全培训内容应当包括：

（1）工作环境及危险因素；

（2）所从事工种可能遭受的职业伤害和伤亡事故；

（3）所从事工种的安全职责、操作技能及强制性标准；

（4）自救互救、急救方法、疏散和现场紧急情况的处理；

（5）安全设备设施、个人防护用品的使用和维护；

（6）本车间（工段、区、队）安全生产状况及规章制度；

（7）预防事故和职业危害的措施及应注意的安全事项；

（8）有关事故案例；

（9）其他需要培训的内容。

6. 班组级岗前安全培训内容应当包括：

（1）岗位安全操作规程；

（2）岗位之间工作衔接配合的安全与职业卫生事项；

（3）有关事故案例；

（4）其他需要培训的内容。

7. 从业人员在本生产经营单位内调整工作岗位或离岗一年以上重新上岗时，应当重新接受车间（工段、区、队）和班组级的安全培训。

生产经营单位采用新工艺、新技术、新材料或者使用新设备时，应当对有关从业人员重新进行有针对性的安全培训。

8. 生产经营单位的特种作业人员，必须按照国家有关法律、法规的规定接受专门的安全培训，经考核合格，取得特种作业操作资格证书后，方可上岗作业。

第十一节　危险化学品重大危险源监督管理暂行规定（节选）

为了加强危险化学品重大危险源的安全监督管理，防止和减少危险化学品事故的发生，保障人民群众生命财产安全，根据《中华人民共和国安全生产法》和《危险化学品安全管理条例》等有关法律、行政法规，制定本规定。

1. 本规定所称危险化学品重大危险源（以下简称重大危险源），是指按照《危险化学品重大危险源辨识》（GB 18218–2018）标准辨识确定，生产、储存、使用或者搬运危险化学品的数量等于或者超过临界量的单元（包括场所和设施）。

2. 危险化学品单位应当按照《危险化学品重大危险源辨识》标准，对本单位的危险化学品生产、经营、储存和使用装置、设施或者场所进行重大危险源辨识，并记录辨识过程与结果。

3. 重大危险源根据其危险程度，分为一级、二级、三级和四级，一级为最高级别。重大危险源分级方法由本规定附件 1 列示。

4. 重大危险源有下列情形之一的，应当委托具有相应资质的安全评价机构，按照有关标准的规定采用定量风险评价方法进行安全评估，确定个人和社会风险值：

（1）构成一级或者二级重大危险源，且毒性气体实际存在（在线）量与其在《危险化学品重大危险源辨识》中规定的临界量比值之和大于或等于 1 的；

（2）构成一级重大危险源，且爆炸品或液化易燃气体实际存在（在线）量与其在《危险化学品重大危险源辨识》中规定的临界量比值之和大于或等于 1 的。

5. 重大危险源安全评估报告应当客观公正、数据准确、内容完整、结论明确、措施可行，并包括下列内容：

（1）评估的主要依据；

（2）重大危险源的基本情况；

（3）事故发生的可能性及危害程度；

（4）个人风险和社会风险值（仅适用定量风险评价方法）；

（5）可能受事故影响的周边场所、人员情况；

（6）重大危险源辨识、分级的符合性分析；

（7）安全管理措施、安全技术和监控措施；

（8）事故应急措施；

（9）评估结论与建议。

危险化学品单位以安全评价报告代替安全评估报告的，其安全评价报告中有关重大危险源的内容应当符合本条第一款规定的要求。

6. 有下列情形之一的，危险化学品单位应当对重大危险源重新进行辨识、安全评估及分级：

（1）重大危险源安全评估已满三年的；

（2）构成重大危险源的装置、设施或者场所进行新建、改建、扩建的；

（3）危险化学品种类、数量、生产、使用工艺或者储存方式及重要设备、设施等发生变化，影响重大危险源级别或者风险程度的；

（4）外界生产安全环境因素发生变化，影响重大危险源级别和风险程度的；

（5）发生危险化学品事故造成人员死亡，或者10人以上受伤，或者影响到公共安全的；

（6）有关重大危险源辨识和安全评估的国家标准、行业标准发生变化的。

7. 危险化学品单位应当根据构成重大危险源的危险化学品种类、数量、生产、使用工艺（方式）或者相关设备、设施等实际情况，按照下列要求建立健全安全监测监控体系，完善控制措施：

（1）重大危险源配备温度、压力、液位、流量、组份等信息的不间断采集和监测系统以及可燃气体和有毒有害气体泄漏检测报警装置，并具备信息远传、连续记录、事故预警、信息存储等功能；一级或者二级重大危险源，具备紧急停车功能。记录的电子数据的保存时间不少于30天；

（2）重大危险源的化工生产装置装备满足安全生产要求的自动化控制系统；一级或者二级重大危险源，装备紧急停车系统；

（3）对重大危险源中的毒性气体、剧毒液体和易燃气体等重点设施，设置紧急切断装置；毒性气体的设施，设置泄漏物紧急处置装置。涉及毒性气体、液化气体、剧毒液体的一级或者二级重大危险源，配备独立的安全仪表系统（SIS）；

（4）重大危险源中储存剧毒物质的场所或者设施，设置视频监控系统；

（5）安全监测监控系统符合国家标准或者行业标准的规定。

8. 危险化学品单位应当制定重大危险源事故应急预案演练计划，并按照下列要求进行事故应急预案演练：

（1）对重大危险源专项应急预案，每年至少进行一次；

（2）对重大危险源现场处置方案，每半年至少进行一次。

应急预案演练结束后，危险化学品单位应当对应急预案演练效果进行评估，撰写应急预案演练评估报告，分析存在的问题，对应急预案提出修订意见，并及时修订完善。

9. 危险化学品单位应当对辨识确认的重大危险源及时、逐项进行登记建档。

重大危险源档案应当包括下列文件、资料：

（1）辨识、分级记录；

（2）重大危险源基本特征表；

（3）涉及的所有化学品安全技术说明书；

（4）区域位置图、平面布置图、工艺流程图和主要设备一览表；

（5）重大危险源安全管理规章制度及安全操作规程；

（6）安全监测监控系统、措施说明、检测、检验结果；

（7）重大危险源事故应急预案、评审意见、演练计划和评估报告；

（8）安全评估报告或者安全评价报告；

（9）重大危险源关键装置、重点部位的责任人、责任机构名称；

（10）重大危险源场所安全警示标志的设置情况；

（11）其他文件、资料。

第三章　安全生产主要风险作业及防范

第一节　高处作业

凡距坠落高度基准面2米及2米以上，有可能坠落的高处进行的作业为高处作业。在油气田企业生产中，发生人员高处坠落事故比例较大。所以应当做好高处作业的安全控制措施。

一、基本定义

1. 高处作业：在距坠落高度基准面2米（含2米）以上有可能坠落的高处进行的作业。

2. 坠落基准面：从作业位置到最低坠落着落点的水平面，称为坠落基准面。

3. 坠落高度（作业高度）：从作业位置到坠落基准面的垂直距离，称为坠落高度。

二、高处作业分级

按照《高处作业分级》（GB/T 3608 – 2008），高处作业分为一级、二级、三级和特级高处作业。

1. 作业高度在 $2m \leqslant h \leqslant 5m$ 时，称为一级高处作业；

2. 作业高度在 $5m < h \leqslant 15m$ 时，称为二级高处作业；

3. 作业高度在 $15m < h \leqslant 30m$ 时，称为三级高处作业；

4. 作业高度在 $h > 30m$ 以上时，称为特级高处作业。

三、高处作业安全规范要求

1. 高处作业前的安全要求

（1）进行高处作业前，应针对作业内容，进行危险辨识，制定相应的作业程序及安全措施。将辨识出的危害因素写入《高处安全作业证》（以下简称《作业证》），并制定出对应的安全措施。

（2）进行高处作业时，除执行本规范外，应符合国家现行的有关高处作业及安全技术标准的规定。

（3）作业单位负责人应对高处作业安全技术负责并建立相应的责任制。

（4）高处作业人员及搭设高处作业安全设施的人员，应经过专业技术培训及专业考试合格，持证上岗，并应定期进行体格检查。患有职业禁忌症（如高血压、心脏病、贫血病、癫痫病、精神疾病等）、年老体弱、疲劳过度、视力不佳及其他不适于高处作业的人员，不得进行高处作业。

（5）从事高处作业的单位应办理《作业证》，落实安全防护措施后方可作业。

（6）《作业证》审批人员应赴高处作业现场检查确认安全措施后，方可批准高处作业。

（7）高处作业中的安全标志、工具、仪表、电气设施和各种设备，应在作业前加以检查，确认其完好后投入使用。

（8）高处作业前要制定高处作业应急预案，内容包括：作业人员紧急状况时的逃生路线和救护方法，现场应配备的救生设施和灭火器材等。有关人员应熟知应急预案的内容。

（9）在紧急状态下（在下列情况下进行高处作业的）应执行单位的应急预案：

①遇有6级以上强风、浓雾等恶劣气候下的露天攀登与悬空高处作业；

②在临近有排放有毒、有害气体、粉尘的放空管线或烟囱的场所进行高处作业时，作业点的有毒物浓度不明。

（10）高处作业前，作业单位现场负责人应对高处作业人员进行必要的安全教育，交代现场环境和作业安全要求以及作业中可能遇到意外时的处理和救护方法。

（11）高处作业前，作业人员应查验《作业证》，检查验收安全措施落实后方可作业。高处作业人员应按照规定穿戴符合国家标准的劳动保护用品，安全带符合 GB 6095－2009 的要求，安全帽符合 GB 2811－2019 的要求等。作业前要检查。

（12）高处作业前作业单位应制定安全措施并填入《作业证》内。

（13）高处作业使用的材料、器具、设备应符合有关安全标准要求。

（14）高处作业用的脚手架的搭设应符合国家有关标准。高处作业应根据实际要求配备符合安全要求的吊笼、梯子、防护围栏、挡脚板等。跳板应符合安全要求，两端应捆绑牢固。作业前，应检查所用的安全设施是否坚固、牢靠。夜间高处作业应有充足的照明。

（15）供高处作业人员上下用的梯道、电梯、吊笼等要符合有关标准要求；作业人员上下时要有可靠的安全措施。固定式钢直梯和钢斜梯应符合 GB 4053.1－2009 和 GB 4053.2－2009 的要求，便携式木梯和便携式金属梯，应符合 GB 7059－2007 和 GB

12142 – 2007 的要求。

（16）便携式木梯和便携式金属梯梯脚底部应坚实，不得垫高使用。踏板不得有缺挡。梯子的上端应有固定措施。立梯工作角度以 75°±5° 为宜。梯子如需接长使用，应有可靠的连接措施，且接头不得超过 1 处。连接后梯梁的强度，不应低于单梯梯梁的强度。折梯使用时上部夹角以 35°~45° 为宜，铰链应牢固，并应有可靠的拉撑措施。

2. 高处作业中的安全要求与防护

（1）高处作业应设监护人对高处作业人员进行监护，监护人应坚守岗位。

（2）作业中应正确使用防坠落用品与登高器具、设备。高处作业人员应系用与作业内容相适应的安全带，安全带应系挂在作业处上方的牢固构件上或专为挂安全带用的钢架、钢丝绳上，不得系挂在移动或不牢固的物件上；不得系挂在有尖锐棱角的部位。安全带不得低挂高用。系安全带后应检查扣环是否扣牢。

（3）作业场所有坠落可能的物件，应一律先行撤除或加以固定。高处作业所使用的工具、材料、零件等应装入工具袋，上下时手中不得持物。工具在使用时应系安全绳，不用时放入工具袋中。不得投掷工具、材料及其他物品。易滑动、易滚动的工具、材料堆放在脚手架上时，应采取防止坠落措施。高处作业中所用的物料，应堆放平稳，不妨碍通行和装卸。作业中的走道、通道板和登高用具，应随时清扫干净；拆卸下的物件及余料和废料均应及时清理运走，不得任意乱置或向下丢弃。

（4）雨天和雪天进行高处作业时，应采取可靠的防滑、防寒和防冻措施。凡水、冰、霜、雪均应及时清除。对进行高处作业的高耸建筑物，应事先设置避雷设施。遇有 6 级以上强风、浓雾等恶劣气候，不得进行特级高处作业、露天攀登与悬空高处作业。暴风雪及台风暴雨后，应对高处作业安全设施逐一加以检查，发现有松动、变形、损坏或脱落等现象，应立即修理完善。

（5）在临近有排放有毒、有害气体、粉尘的放空管线或烟囱的场所进行高处作业时，作业点的有毒物浓度应在允许浓度范围内，并采取有效的防护措施。在应急状态下，按应急预案执行。

（6）带电高处作业应符合《用电安全导则》（GB/T 13869 – 2017）的有关要求。高处作业涉及临时用电时应符合《施工现场临时用电规范》（JGJ 46 – 2016）的有关要求。

（7）高处作业应与地面保持联系，根据现场配备必要的联络工具，并指定专人负责联系。尤其是在危险化学品生产、储存场所或附近有放空管线的位置高处作业时，应为作业人员配备必要的防护器材（如空气呼吸器、过滤式防毒面具或口罩等），应事先与车间负责人取得联系，确定联络方式，并将联络方式填入《作业证》的补充措施栏内。

（8）不得在不坚固的结构（如彩钢板屋顶、石棉瓦、瓦棱板等轻型材料等）上作业，登不坚固的结构（如彩钢板屋顶、石棉瓦、瓦楞板等轻型材料）作业前，应保证其承重的立柱、梁、框架的受力能满足所承载的负荷，应铺设牢固的脚手板，并加以固定，脚手板上要有防滑措施。

（9）作业人员不得在高处作业处休息。

（10）高处作业与其他作业交叉进行时，应按指定的路线上下，不得上下垂直作业，如果需要垂直作业时应采取可靠的隔离措施。

（11）在采取地（零）电位或等（同）电位作业方式进行带电高处作业时，应使用绝缘工具或穿均压服。

（12）发现高处作业的安全技术设施有缺陷和隐患时，应及时解决；危及人身安全时，应停止作业。

（13）因作业必需，临时拆除或变动安全防护设施时，应经作业负责人同意，并采取相应的措施，作业后应立即恢复。

（14）防护棚搭设时，应设警戒区，并派专人监护。

（15）作业人员在作业中如果发现情况异常，应发出信号，并迅速撤离现场。

3. 高处作业完工后的安全要求

（1）高处作业完工后，作业现场清扫干净，作业用的工具、拆卸下的物件及余料和废料应清理运走。

（2）脚手架、防护棚拆除时，应设警戒区，并派专人监护。拆除脚手架、防护棚时不得上部和下部同时施工。

（3）高处作业完工后，临时用电的线路应由具有特种作业操作证书的电工拆除。

（4）高处作业完工后，作业人员要安全撤离现场，验收人在《作业证》上签字。

四、高处作业人员职责

1. 作业负责人职责：负责按规定办理《高处安全作业证》，制定安全措施并监督实施，组织安排作业人员，对作业人员进行安全教育，确保作业安全。

2. 作业人员职责：应遵守高处作业安管理标准，按规定穿戴劳动防护用品和安全保护用具，认真执行安全措施，在安全措施不完善或没有办理有效《作业证》时应拒绝高处业。

3. 监护人职责：负责确认作业安全措施和执行应急预案，遇有危险情况时命令停止作业；高处作业过程中不得离开作业现场；监督作业人员按规定完成作业，及时纠正违章行为。

4. 作业所在生产车间负责职责：会同作业负责人检查落实现场作业安全措施，确保作业场所符合高处作业安全规定。

5. 生产部门职责：负责监督检查高处作业安全措施的落实，签发高处作业票。

6. 其他签字领导的职责：对特殊高处作业安全措施的组织、安排、作业负总责。

第二节 动火作业

一、动火作业定义

动火作业：能直接或间接产生明火的工艺设置以外的非常规作业，如使用电焊、气焊（割）、喷灯、电钻、砂轮等进行可能产生火焰、火花和炽热表面的非常规作业。

二、动火作业分级

动火作业分为特殊动火作业、一级动火作业和二级动火作业。

1. 特殊动火作业

在生产运行状态下的易燃易爆生产装置、输送管道、储罐、容器等部位上及其他特殊危险场所进行的动火作业。带压不置换动火作业按特殊动火作业管理。

2. 一级动火作业

在易燃易爆场所进行的除特殊动火作业以外的动火作业。厂区管廊上的动火作业按一级动火作业管理。

3. 二级动火作业

（1）除特殊动火作业和一级动火作业以外的禁火区的动火作业。

（2）凡生产装置或系统全部停车，装置经清洗、置换、取样分析合格并采取安全隔离措施后，可根据其火灾、爆炸危险性大小，经厂安全（防火）部门批准，动火作业可按二级动火作业管理。

遇节日、假日或其他特殊情况时，动火作业应升级管理。

三、动火作业安全防火要求

1. 动火作业安全防火基本要求

（1）动火作业应办理《动火安全作业证》（以下简称《作业证》），化学品生产单位进入受限空间、高处等进行动火作业时，还须执行《化学品生产单位受限空间作业安全规范》（AQ 3028 - 2008）和《化学品生产单位高处作业安全规范》（AQ 3025 - 2008）的规定。

（2）动火作业应有专人监火，动火作业前应清除动火现场及周围的易燃物品，或采取其他有效的安全防火措施，配备足够适用的消防器材。

（3）凡在盛有或盛过危险化学品的容器、设备、管道等生产、储存装置及处于 GB 50016 规定的甲、乙类区域的生产设备上动火作业，应将其与生产系统彻底隔离，并进行清洗、置换，取样分析合格后方可动火作业；因条件限制无法进行清洗、置换而确需动火作业时按特殊动火作业的安全防火要求规定执行。

（4）凡处于《建筑设计防火规范》（GB 50016－2014）（2018 年版）规定的甲、乙类区域的动火作业，地面如有可燃物、空洞、窖井、地沟、水封等，应检查分析，距用火点 15 米以内的，应采取清理或封盖等措施；对于用火点周围有可能泄漏易燃、可燃物料的设备，应采取有效的空间隔离措施。

（5）拆除管线的动火作业，应先查明其内部介质及其走向，并制订相应的安全防火措施。

（6）在生产、使用、储存氧气的设备上进行动火作业，氧含量不得超过 21%。

（7）5 级风以上（含 5 级风）天气，原则上禁止露天动火作业。因生产需要确需动火作业时，动火作业应升级管理。

（8）在铁路沿线（25 米以内）进行动火作业时，遇装有危险化学品的火车通过或停留时，应立即停止作业。

（9）凡在有可燃物构件的凉水塔、脱气塔、水洗塔等内部进行动火作业时，应采取防火隔绝措施。

（10）动火期间距动火点 30 米内不得排放各类可燃气体；距动火点 15 米内不得排放各类可燃液体；不得在动火点 10 米范围内及用火点下方同时进行可燃溶剂清洗或喷漆等作业。

（11）动火作业前，应检查电焊、气焊、手持电动工具等动火工器具本质安全程度，保证安全可靠。

（12）使用气焊、气割动火作业时，乙炔瓶应直立放置；氧气瓶与乙炔气瓶间距不应小于 5 米，二者与动火作业地点不应小于 10 米，并不得在烈日下曝晒。

（13）动火作业完毕，动火人和监火人以及参与动火作业的人员应清理现场，监火人确认无残留火种后方可离开。

2. 特殊动火作业的安全防火要求

特殊动火作业在符合基本要求的同时，还应符合以下规定：

（1）在生产不稳定的情况下不得进行带压不置换动火作业；

（2）应事先制定安全施工方案，落实安全防火措施，必要时可请专职消防队到现场监护；

（3）动火作业前，生产车间（分厂）应通知工厂生产调度部门及有关单位，使之在异常情况下能及时采取相应的应急措施；

（4）动火作业过程中，应使系统保持正压，严禁负压动火作业；

（5）动火作业现场的通排风应良好，以便使泄漏的气体能顺畅排走。

四、动火作业相关人员职责

1．动火作业负责人职责

（1）负责办理《作业证》并对动火作业负全面责任；

（2）应在动火作业前详细了解作业内容和动火部位及周围情况，参与动火安全措施的制定、落实，向作业人员交代作业任务和防火安全注意事项；

（3）作业完成后，组织检查现场，确认无遗留火种后方可离开现场。

2．动火人职责

（1）应参与风险危害因素辨识和安全措施的制定；

（2）应逐项确认相关安全措施的落实情况；

（3）应确认动火地点和时间；

（4）若发现不具备安全条件时不得进行动火作业；

（5）应随身携带《作业证》。

3．监火人职责

（1）负责动火现场的监护与检查，发现异常情况应立即通知动火人停止动火作业，及时联系有关人员采取措施；

（2）应坚守岗位，不准脱岗；在动火期间，不准兼做其他工作；

（3）当发现动火人违章作业时应立即制止；

（4）在动火作业完成后，应会同有关人员清理现场，清除残火，确认无遗留火种后方可离开现场。

4．动火部位负责人职责

（1）对所属生产系统在动火过程中的安全负责，参与制定、负责落实动火安全措施，负责生产与动火作业的衔接；

（2）检查、确认《作业证》审批手续，对手续不完备的《作业证》应及时制止动火作业；

（3）在动火作业中，生产系统如有紧急或异常情况，应立即通知停止动火作业。

5．动火分析人职责

动火分析人对动火分析方法和分析结果负责，并应根据动火点所在车间的要求，到现场取样分析，在《作业证》上填写取样时间和分析数据并签字，不得用合格等字样代替分析数据。

6．动火作业的审批人职责

动火作业的审批人是动火作业安全措施落实情况的最终确认人，负责审查《作业证》的办理是否符合要求，到现场了解动火部位及周围情况，检查、完善防火安全措施。

第三节　受限空间作业

受限空间是指化学品生产单位的各类塔、釜、槽、罐、炉膛、锅筒、管道、容器以及地下室、窨井、坑（池）、下水道或其他封闭、半封闭场所。

一、受限空间作业的定义

化工行业标准《生产区域受限空间作业安全规范》（HG 30011 – 2013）规定，受限空间作业是指进入化工区域的受限空间进行的作业。

二、受限空间作业前的安全技术措施

1. 进入受限空间作业前，应针对作业内容，对受限空间进行危害识别和风险评估，制定相应的作业程序和安全措施。施工单位必须明确作业负责人、作业人员和外部监护人员的职责，不得将进入井下、沟池、管道等有可能产生有毒气体的场所的施工作业项目，发包给不具备有关资质的单位和个人。

2. 进入受限空间作业前，必须办理"进入受限空间作业许可证"，并要严格履行审批手续。施工单位负责人应向施工作业人员进行作业程序和安全技术交底，并指派作业监护人。无"进入受限空间作业许可证"和监护人，禁止进入受限空间作业。

3. 进入受限空间作业前，必须将受限空间和其他空间进行安全隔离（如加盲板或拆除一段管线），并清洗、置换干净，不得以关闭阀门代替安装盲板，盲板处应挂标志牌。

4. 进入受限空间前30分钟必须取样分析，严格控制可燃气体、有毒气体的浓度及氧含量，保证其在安全指标范围内（当可燃气体爆炸下限大于4%时，其被测浓度不大于0.5%为合格；当可燃气体爆炸下限小于4%时，其被测浓度不大于0.2%为合格；氧含量为19.5% ~23.5%为合格；有毒有害物质不超过国家规定的"车间空气中有毒物质最高允许浓度"的指标），检验合格后才允许进入受限空间进行作业。如果进入受限空间内作业时间较长，至少每2小时检验一次，如发现超标，应立即停止作业，迅速撤出人员。

5. 进入受限空间作业前应采取适当的通风措施，确保受限空间内空气流通良好。

对此可采用自然通风，必要时采取强制通风，但严禁向内充氧气。

6. 进入受限空间作业应有足够的照明，应使用安全电压和安全行灯。受限空间内照明电压应不大于36伏，在潮湿或狭小空间内作业应小于12伏，所有灯具及电动工具必须符合防潮、防爆要求。

7. 进入有腐蚀、窒息、易燃、易爆、有毒物料的受限空间内作业时，必须按规定佩戴适用的个体防护用品、器具。在特殊情况下，作业人员可戴长管式面具、空气呼吸器等。佩戴长管面具时，一定要仔细检查其气密性，防止通气长管被挤压，吸气口应置于新鲜空气的上风口，并有专人监护。

8. 在受限空间作业条件发生变化并有可能危及作业人员安全时，必须立即撤出。若需要继续作业，必须重新办理进入受限空间内作业的审批手续。

9. 作业完工后，经施工人员、监护人与使用部门负责人共同检查受限空间内部，确认受限空间内无人员和工具及杂物后，方可封闭离开。

三、进入受限空间作业的安全措施

1. 作业人员的安全措施

（1）进入受限空间作业，不得使用卷扬机、吊车等运送作业人员，严禁作业人员摘下防护面具。

（2）进入受限空间内的作业人员每次工作时间不宜过长，应安排轮换作业或休息。作业人员出现身体不适，要立即向监护人员发出联络信号，撤离现场。

（3）作业中出现中毒、窒息等紧急情况，抢救人员必须佩戴隔离式防护器具进入受限空间，并至少有一人在外部做联络工作，禁止不具备条件的盲目施救，避免伤亡扩大。

（4）进入受限空间内作业必须安排专人监护，监护人员与进入受限空间内作业人员应保持有效的联系，作业人员要服从监护人员的正确指挥。发现监护人员不履行职责时，应立即停止工作。

2. 安全防护措施

（1）对于清理储罐作业、拆除储罐密封胶囊或者容器内未经处理检测合格的情况，要避免进行焊接、切割、打磨等动火作业，防止火花、高温焊渣掉进受限空间内，引发爆燃事故。在受限空间内动火，必须按规定同时办理动火证和履行规定的手续。

（2）进入容器内进行刷漆、喷漆等防腐作业时，要杜绝将大量漆料带进容器内。歇工时，要将漆料转移至容器外，防止漆料组分挥发，造成容器内部可燃气体、有毒有害气体积聚，引发爆燃事故。

（3）地下挖掘土方作业，护壁要牢固，地面堆松土与护壁要有足够的距离。

（4）进入受限空间内，要注意临时支架的牢固性。转动、搅拌带电的设备要切断电源。由于在没有电源的情况下，某些设备也会因偶然碰撞失去平衡，因此，要有固定转动部位的安全措施。

（5）在污水池、深井等受限空间作业，作业人员在有可能造成物件坠落的地方，要设置警戒线。放置在受限空间外高处平台上的物件、工具，要注意平稳并有围栏或者固定措施，防止坠落伤人。

（6）在受限空间内作业，不得损坏内件，不得违规移动内件，不得随意踩踏内部管线、配件，不得损坏防静电、防雷接触和电气连线。

四、进入受限空间作业完成后的安全措施

1. 电工要断开电源，焊接设备、供电设备要移出现场，熄灭现场一切火种。

2. 在作业过程中，被移动过的受限空间内件要及时复位。从受限空间清理出的内渣、废液要清离现场。

3. 要检查现场，确保人数、工具齐全，保证受限空间内不遗留任何物件，现场不存在任何安全隐患。

五、受限空间作业相关人员职责

1. 作业负责人职责

（1）对受限空间作业安全负全面责任；

（2）在受限空间及其附近发生异常情况时，应停止作业；

（3）对未经允许试图进入或已经进入受限空间者进行劝阻或责令退出；

（4）在受限空间作业环境、作业方案和防护设施及用品达到安全要求后，可安排人员进入受限空间作业；

（5）检查、确认应急准备情况，核实内外联络及呼叫方法。

2. 监护人员职责

（1）对受限空间作业人员的安全负有监督和保护的职责；

（2）了解可能面临的危害，对作业人员出现的异常行为能够及时警觉并做出判断；与作业人员保持联系和交流，观察作业人员的状况；

（3）掌握应急救援的基本知识；

（4）当发现异常时，立即向作业人员发出撤离警报，并帮助作业人员从受限空间逃生，同时立即呼叫紧急救援。

3. 作业人员职责

（1）确认安全防护措施落实情况；

（2）负责在保障安全的前提下进入受限空间实施作业任务；作业前应了解作业的

内容、地点、时间、要求，熟知作业中的危害因素和应采取的安全措施；

（3）遵守受限空间作业安全操作规程，正确使用受限空间作业安全设施与个体防护用品；

（4）在作业中如出现异常情况或感到不适或呼吸困难时，应立即向作业监护人发出信号，迅速撤离现场；

（5）服从作业监护人的指挥，如发现作业监护人员不履行职责时，应停止作业并撤出受限空间；

（6）应与监护人员进行必要的、有效的安全、报警、撤离等双向信息交流。

第四节　盲板抽堵作业

一、盲板抽堵作业定义

《化学品生产单位盲板抽堵作业安全规范》（AQ 3027 - 2008）规定，盲板抽堵作业是指在设备抢修或检修过程中，设备、管道内存有物料（气、液、固态）及一定温度、压力情况时的盲板抽堵，或设备、管道内的物料经吹扫置换、清洗后的盲板抽堵。

二、盲板抽堵作业前安全技术要求

1. 作业前，应对作业现场和作业过程中可能存在的危险、有害因素进行辨识、制定相应的安全措施。

2. 作业前，应对参加作业的人员进行安全教育，主要内容如下：

（1）有关作业的安全规章制度；

（2）作业现场和作业过程中可能存在的危险、有害因素及应采取的具体安全措施；

（3）作业过程中所使用的个体防护器具的使用方法及使用注意事项；

（4）事故的预防、避险、逃生、自救、呼救等知识；

（5）相关事故案例和经验、教训；

3. 作业前，还应进行如下准备工作：

（1）对设备、管道进行隔绝、清洗、置换，并确认满足盲板抽堵作业安全要求；

（2）对作业现场的地下隐蔽工程进行交底；

（3）腐蚀性介质的作业现场所配备人员应急冲洗水源；

（4）夜间作业的场所设置满足要求的照明装置；

（5）了解和熟悉现场环境，进一步核实安全措施的可靠性，熟悉应急救援器材的位置及分布。

作业单位应办理《盲板抽堵安全作业证》，并由相关责任人签名确认。

同一作业涉及动火、进入受限空间、盲板抽堵、高处作业、吊装、临时用电、动土、断路中的两种或两种以上时，除应同时执行相应的作业要求外，还应同时办理相应的作业审批手续。

三、盲板抽堵作业中安全技术要求

1. 生产车间（部门）应预先绘制盲板位置图，对盲板进行统一编号，并设专人统一指挥作业。

2. 应根据管道内介质的性质、压力、温度和管道法兰密封面的口径等选择相应材料、强度、口径和符合设计、制造要求的盲板及垫片，高压盲板使用前应经超声波探伤。

3. 作业单位应按图进行盲板抽堵作业，并对每个盲板设标牌进行标识，标牌编号应与盲板位置图上的盲板编号一致。生产车间（部门）逐一确认并做好记录。

4. 作业时，作业点压力点压力应降为常压，并设专人监护。

5. 在有毒介质的管道、设备上进行盲板抽堵作业时，作业人员应按要求穿戴适合的防护用具。

6. 在易燃易爆场所进行盲板抽堵作业时，作业人员应穿防静电工作服、工作鞋，并应使用防爆灯具和防爆工具，距盲板抽堵作业地点30米内不应有动火作业。

7. 在强腐蚀性介质的管道、设备上进行抽堵盲板作业时，作业人员应采取防止酸碱灼伤的措施。

8. 介质温度较高、可能造成烫伤的情况下，作业人员应采取防烫措施。

9. 不应在同一管道上同时进行两处及两处以上的盲板抽堵作业。

10. 盲板抽堵作业结束，由作业单位和生产车间（部门）专人共同确认。

四、盲板抽堵作业相关人员职责

1. 生产车间负责人职责

（1）了解管道、设备内介质特性及走向，制定、落实盲板抽堵安全措施，安排监护人向作业单位负责人或作业人员交代作业安全注意事项；

（2）生产系统如有紧急或异常情况，立即通知停止盲板抽堵作业；

（3）作业完成后组织检查盲板抽堵情况。

2. 监护人职责

（1）负责盲板抽堵作业现场的监护与检查，发现异常情况应立即通知作业人员停止作业，并及时联系有关人员采取措施；

（2）应坚守岗位，不得脱岗；在盲板抽堵作业期间，不得兼做其他工作；

（3）当发现盲板抽堵作业人违章作业时应立即制止；

（4）作业完成后，要会同作业人员检查、清理现场，确认无误后方可离开现场。

3. 作业单位负责人职责

（1）了解作业内容及现场情况，确认作业安全措施，向作业人员交代作业任务和安全注意事项；

（2）各项安全措施落实后，方可安排人员进行盲板抽堵作业。

4. 作业人职责

（1）作业前应了解作业的内容、地点、时间、要求，熟知作业中的危害因素和应采取的安全措施；

（2）要逐项确认相关安全措施的落实情况；

（3）若发现不具备安全条件时不得进行盲板抽堵作业；

（4）作业完成后，会同生产单位负责人检查盲板抽堵情况，确认无误后方可离开作业现场。

5. 审批人职责

（1）审查《作业证》的办理是否符合要求；

（2）督促检查各项安全措施的落实。

第五节　临时用电作业

一、临时用电作业定义

临时用电是指非标准设计配置的、在正式运行的电源上所接的非永久性用电，即除按标准成套配置的，有插头、连线、插座的专用接线排和接线盘以外的，所有其他用于临时性用电的电缆、电线、电气开关、设备等。超过 6 个月的用电，不能视为临时用电，必须按照相关工程设计规范配置线路。

二、临时用电作业前的安全技术要求

1. 作业前，作业单位和生产车间应对作业现场和作业过程中可能存在的危险、有害因素进行辨识、制定相应的安全措施。

2. 作业前，应对参加作业的人员进行安全教育，主要内容如下：

（1）有关作业的安全规章制度；

（2）作业现场和作业过程中可能存在的危险、有害因素及应采取的具体安全措施；

（3）作业过程中所使用的个体防护器具的使用方法及使用注意事项；

（4）事故的预防、避险、逃生、自救、呼救等知识；

（5）相关事故案例及教训。

3. 作业前，生产车间应进行如下工作：

（1）对设备、管线进行隔绝、清洗、置换，并确认满足临时用电作业安全要求；

（2）对作业现场的隐蔽工程进行交底；

（3）腐蚀性介质的作业现场配备应急冲洗水源；

（4）夜间作业的场所设置满足要求的照明装置；

（5）会同作业单位组织作业人员到作业现场，了解和熟悉现场环境，进一步核实安全措施的可靠性，熟悉应急救援器材的位置及分布。

4. 作业前，作业单位对作业现场及作业涉及的设备、设施、工器具等进行检查，并使之符合如下要求：

（1）作业现场消防通道、行车通道应保持畅通，影响作业安全的杂物应清理干净；

（2）作业现场的梯子、栏杆、平台、盖板等设施应完整、牢固，采用的临时设施应确保安全；

（3）作业现场可能危及安全的坑、井、沟、孔洞等应采取有效防护措施，并设警示标志，夜间应设警示红灯，需要检修的设备上的电器电源应可靠断电，在电源开关处加锁并加挂安全警示牌；

（4）作业使用的个体防护器具、消防器材、通信设备、照明设备等应完好；

（5）作业使用的脚手架、起重机械、电气焊用具、手持电动工具等各种工器具应符合作业安全要求，超过安全电压的手持式、移动式电动工器具应逐个配置漏电保护器和电源开关；

5. 进入作业现场的人员应正确佩戴性能和规格均符合要求的安全帽，作业时，作业人员应遵守本工种安全技术操作规程，并按规定着装及正确佩戴相应的个体防护用品，多工种、多层次交叉作业应统一协调；

6. 特种作业和特种设备作业人员应持证上岗，患有职业禁忌症者不应参与相应作业，作业监护人员应坚守岗位，如确需离开，应有专人替代监护；

7. 同一作业涉及动火、进入受限空间、盲板抽堵、高处作业、吊装、临时用电、动土、断路中的两种或两种以上时，除应同时执行相应的作业要求外，还应同时办理相应的作业审批手续。

三、临时用电作业中安全技术要求

1. 在生产车间、罐区和具有火灾爆炸危险场所内不应接临时电源，确需时应对周围环境进行可燃气体检测分析，分析结果应符合要求。

2. 动力和照明线路应分路设置。

3. 在开关上接引、拆除临时用电线路时，其上级开关应断电上锁并加挂安全警示标牌。

4. 临时用电应设置保护开关，使用前应检查电气装置和保护设施的可靠性。所有的临时用电均应设置接地保护。

5. 临时用电设备和线路应按供电电压等级和容量正确选用，所用的电器元件应符合国家相关产品标准及作业现场环境要求，临时用电电源施工、安装应符合有关要求，并有良好的接地，临时用电还应满足如下要求：

（1）火灾爆炸危险场所应使用相应防爆等级的电源及电气元件，并采取相应的防爆安全措施。

（2）临时用电线路及设备应有良好的绝缘，所有的临时用电线路应采用耐压等级不低于 500V 的绝缘导线。

（3）临时用电线路经过高温、振动、腐蚀、积水及产生机械损伤等区域，不应不应有接头，并应采取相应的保护措施。

（4）临时用电架空线应采用绝缘铜芯线，并应架设在专用电杆或支架上。其最大弧垂与地面距离，在作业现场不低于 2.5 米，穿越机动车道不低于 5 米。

（5）对需埋地敷设的电缆线路应设有走向标志和安全标志。电缆埋地深度不应小于 0.7 米，穿越道路时应加设防护套管。

（6）现场临时用电配电盘、箱应有电压标识和危险标识，应有防雨措施，盘、箱、门应能牢靠关闭并能上锁。

（7）行灯电压不应超过 36V；在特别潮湿的场所或塔、釜、槽、罐等金属设备内作业，临时照明行灯电压不应超过 12V。

（8）临时用电设施应安装符合规范要求的漏电保护器，移动工具、手持式电动工具应逐个配置漏电保护器和电源开关。

6. 临时用电单位不应擅自向其他单位转供电或增加用电负荷，以及变更用电地点和用途。

7. 临时用电时间一般不超过 15 天，特殊情况不应超过一个月。用电结束后，用电单位应及时通知供电单位拆除临时用电线路。

四、临时用电作业相关人员职责

1. 作业负责人职责：负责按规定办理"临时用电作业安全许可证"，制定安全措施并监督实施，组织安排作业人员，对作业人员进行安全教育，确保作业安全。

2. 作业人员职责：应遵守用电和临时用电作业安全管理规定，按规定穿戴劳动防护用品和安全保护用具，认真执行安全措施，在安全措施不完善或没有办理有效许可证时应拒绝临时用电作业。

3. 作业所在区域负责人职责：同作业负责人检查落实现场作业安全措施，确保作业场所符合临时用电作业安全规定。

4. 审批签字人职责：到现场对临时用电作业的组织、安全措施等的落实进行核实，对签字行为和后果负责。

第六节　吊装作业

一、吊装作业定义

《化学品生产单位吊装作业安全规范》（AQ 3021 – 2008）规定，吊装作业是指在检维修过程中利用各种吊装机具将设备、工件、器具、材料等吊起，使其发生位置变化的作业过程。

二、吊装作业的分级

吊装作业按吊装重物的质量（m）分为三级。

一级吊装作业：m > 100t；

二级吊装作业：40t ≤ m ≤ 100t；

三级吊装作业：m < 40t。

三、吊装作业的安全要求及防护措施

1. 吊装作业时应明确指挥人员，指挥人员应佩戴明显的标志，指挥人员及作业人员均应佩戴安全帽，安全帽应符合 GB 2811 – 2019 的规定。

2. 分工明确、坚守岗位，并按《起重机　手势信号》（GB 5082 – 2019）规定的联

络信号，统一指挥。指挥人员按信号进行指挥，其他人员应清楚吊装方案和指挥信号。

3. 正式起吊前应进行试吊，试吊中检查全部机具、地锚受力情况，发现问题应将工件放回地面，排除故障后重新试吊，确认一切正常，方可正式吊装。

4. 严禁利用管道、管架、电杆、机电设备等作吊装锚点。未经有关部门审查，不得将建筑物、构筑物作为锚点。

5. 吊装作业中，夜间应有足够的照明。

6. 起吊重物就位前，不许解开吊装索具。

7. 利用两台或多台起重机械吊运同一重物时，升降、运行应保持同步；各台起重机械所承受的载荷不得超过各自额定起重能力的80%。

四、吊装作业人员相关安全规定

1. 按指挥人员所发出的指挥信号进行操作。对紧急停车信号，不论由何人发出，均应立即执行。

2. 司索人员应听从指挥人员的指挥，并及时报告险情。

3. 当起重臂吊钩或吊物下面有人，吊物上有人或浮置物时，不得进行起吊操作。

4. 严禁起吊超负荷或重物质量不明和埋置物体；不得捆挂、起吊不明质量，与其他重物相连、埋在地下或与其他物体冻结在一起的重物。

5. 在制动器、安全装置失灵、吊钩防松装置损坏、钢丝绳损伤达到报废标准等情况下严禁起吊操作。

6. 应按规定负荷进行吊装，吊具、索具经计算选择使用，严禁超负荷运行。所吊重物接近或达到额定起重吊装能力时，应检查制动器，用低高度、短行程试吊后，再平稳吊起。

7. 重物捆绑、紧固、吊挂不牢，吊挂不平衡而可能滑动，或斜拉重物，棱角吊物与钢丝绳之间没有衬垫时不得进行起吊。

8. 不准用吊钩直接缠绕重物，不得将不同种类或不同规格的索具混在一起使用。

9. 吊物捆绑应牢靠，吊点和吊物的中心应在同一垂直线上。

10. 无法看清场地、无法看清吊物情况和指挥信号时，不得进行起吊。

11. 起重机械及其臂架、吊具、辅具、钢丝绳、缆风绳和吊物不得靠近高低压输电线路。在输电线路近旁作业时，应按规定保持足够的安全距离，不能满足时，应停电后再进行起重作业。

12. 停工和休息时，不得将吊物、吊笼、吊具和吊索吊在空中。

13. 在起重机械工作时，不得对起重机械进行检查和维修；在有载荷的情况下，不得调整起升变幅机构的制动器。

14. 下方吊物时，严禁自由下落（溜）；不得利用极限位置限制器停车。

15. 遇大雪、暴雨、大雾及 6 级以上大风时，应停止露天作业。

16. 用定型起重吊装机械（例如履带吊车、轮胎吊车、桥式吊车等）进行吊装作业时，除遵守本标准外，还应遵守该定型起重机械的操作规范。

五、吊装作业完成后的安全措施

1. 对在轨道上作业的起重机，应将起重机停放在指定位置有效锚定。

2. 吊索、吊具应收回放置到规定的地方，并对其进行检查、维护、保养。

3. 对接替工作人员，应告知设备存在的异常情况及尚未消除的故障。

4. 将起重臂和吊钩收放到规定的位置，所有控制手柄均应放到零位，使用电气控制的起重机械，应断开电源开关。

第七节　断路作业

一、断路作业定义

断路作业是指在化学品生产单位内交通主干道、交通次干道、交通支道与车间引道上进行工程施工、吊装吊运等各种影响正常交通的作业。《化学品生产单位断路作业安全规范》（AQ 3024 - 2008）作了详细规定。

二、断路作业安全要求

1. 凡在厂区内进行断路作业必须办理《断路安全作业证》。

2. 断路申请单位负责管理施工现场。企业应在断路路口设立断路标志，为来往的车辆提示绕行线路。

3. 厂区断路作业经审批后，应立即通知相关部门做好准备。

4. 断路前，施工单位应负责在路口设置交通挡杆、断路标识。

5. 施工作业人员接到《断路安全作业证》确认无误，且符合本制度规定的条件后，方可进行断路作业。

6. 断路后，施工单位应负责在施工现场设置围栏、交通警告牌，夜间应悬挂红灯。

7. 断路作业结束后，施工单位应负责清理现场，撤除现场和路口设置的挡杆、断路标识、围栏、警告牌、红灯。经申请断路单位检查核实后，负责报告安全部，然后由安全部通知各有关单位断路工作结束恢复交通。

8. 断路作业应按《断路安全作业证》的内容进行，严禁变更作业内容、扩大作业范围或转移作业部位。

9. 对审批手续不全、安全措施不落实、作业环境不符合安全要求的，作业人员有权拒绝作业。

第八节　动土作业

一、动土作业定义

动土作业是指挖土、打桩、钻探、坑探、地锚入土深度在0.5米以上；使用推土机、压路机等施工机械进行填土或平整场地等可能对地下隐蔽设施产生影响的作业。行业标准《化学品生产单位动土作业安全规范》（AQ 3023 - 2008）对此做了专门规定。

二、动土作业安全要求

1. 动土作业必须办理"动土安全许可证"（一式2份，施工单位、申请单位各存一份），没有"动土安全许可证"不准进行动土作业。

2. 动土作业前，项目负责人应对施工人员进行安全教育，施工负责人对安全措施进行现场交底，并督促落实。

3. 动土作业施工现场应根据需要设置护栏、盖板和警告标志，夜间应悬挂红灯示警。施工结束后应及时回填土，并恢复地面设施。

4. 动土作业必须按"动土安全作业证"的内容进行，对审核手续不全、安全措施不落实的，施工人员有权拒绝作业。

5. 严禁涂改、转借"动土安全作业证"，不得擅自变更动土作业内容、扩大作业范围或转移作业地点。

6. 动土中如暴露出电缆、管线以及不能辨认的物品时，应立即停止作业。

7. 动土临近地下隐蔽设施时，应轻轻挖掘，禁止使用铁棒、铁镐或抓斗等机械工具。

8. 挖掘坑、槽、井、沟等作业，应遵守下列规定：

（1）挖掘土方应自上而下进行，不准采用挖底脚的办法挖掘，挖出的土石不准堵塞水道和阴井；

（2）在挖较深的坑、槽、沟时，严禁在土壁上挖沿攀登，作业时必须戴安全帽。坑、槽、井、沟上端边沿不准人员站立、行走；

（3）要视土壤性质、湿度和挖掘深度设置安全边坡和固壁支架。挖出的泥土堆放处所和堆放的材料至少应距坑、槽、井、沟边 0.8 米，高度不得超过 1.5 米。对坑、槽、井、沟边坡或固壁支撑架应随时检查，特别是雨雪后和解冻时期，如发现边坡有裂缝、疏松或支撑有折断、走位等异常危险征兆，应立即停止工作，并采取措施；

（4）作业时应注意对有毒有害物质有检测，保持通风良好。发现有毒有害气体时，应采取措施后方可施工；

（5）在坑、槽、井、沟的边缘，不能安放机械、铺设轨道及通行车辆。如必须时，应采取有效的固壁措施；

（6）在拆除固壁支撑时，应从下而上进行。更换支撑时，应先装新的，后拆旧的；

（7）所有人员不准在坑、槽、井、沟内休息。

9. 上下交叉作业应戴安全帽，多人同时挖土应相距在 2 米以上，防止工具伤人。作业人员发现异常时，应立即撤离作业现场。

10. 作业前必须检查工具、现场支护是否牢固、完好，发现问题应及时处理。

11. 动土作业涉及断路时，应按断路作业的规定办理"断路安全作业证"。

第四章 职业卫生及劳动保护

第一节 作业现场的危险有害因素识别

危险因素是指能够对人造成伤亡或对物造成突发性损害的因素。有害因素是指能影响人的身体健康、导致疾病，或对物造成慢性损害的因素。通常情况下，两者不加以区分而通称为危险有害因素。客观存在的危险、有害物质或能量超过临界值的设备、设施和场所，都可能成为危险、有害因素。危险有害因素识别就是采取一定的方法和程序，分析识别生产装置、设施或作业活动中存在的危险有害因素。

一、危险、有害因素的分类

在《企业职工伤亡事故分类》（GB/T 6441 - 1986）中，将人的不安全行为分为操作失误造成安全装置失效、使用不安全设备等 13 类；将物的不安全状态分为防护、保险、信号灯装置缺乏或有缺陷，设备、设施、工具、附件有缺陷，个人防护用品、用具缺少或有缺陷，以及生产（施工）场地环境不良四大类。

1. 人的不安全行为

人的不安全行为是指作业人员违反安全生产规章制度和安全操作规程的行为。不安全行为主要表现为，在正常和非正常精神状态下的感受和判断错误操作，以及因知识和经验缺乏而进行的不安全操作等，具体行为如下：

（1）操作失误，忽视安全，忽视警告。例如，开动、关停机器时未给信号；违反设备的操作规程，操作失误；检修运行中的管线或设备时，未加盲板进行隔离；操作方法失误；忽视警告标志、警告信号；操作位置不当。

（2）造成安全装置失效。例如，未经批准，擅自更改安全阀定压值；擅自调整报警上下限制；擅自拆除联锁保护装置；擅自关闭声光报警；擅自关闭安全阀前后手阀等。

（3）使用不安全设备。例如，使用不牢固的设施或有缺陷的工具；在油、气区使用不防爆的工具；随意乱用代用工具（如用管钳代替阀门扳手等）；用汽油、易挥发溶剂擦洗设备、衣物、工具及地面等；在油气区使用手机等不防爆的移动通信工具等。

（4）用手代替工具操作。

（5）材料、工具和生产用品等存放不当，可能发生坠落、坍塌，影响他人正常工作或堵塞消防通道等。

（6）冒险进入危险场所。例如，冒险进入受限空间；未经允许进入受限空间；在无安全防护措施的情况下接近泄露处；进入危险场所不注意观察或不听劝阻；听到报警后不采取应急处理行动；不采取防护措施进入危险区域等。

（7）攀、坐不安全的位置，如平台护栏、吊车、吊钩等处。

（8）在起吊物下作业、停留。

（9）机器运转时，进行加油、修理、检查、调整、焊接、清扫等工作，揭开或拆掉防护装置等。

（10）有分散注意力行为。例如，工作时间进行与工作无关的事情；疲劳作业；健康状况异常、心理异常等。

（11）在必须使用个人防护用品用具的作业或场合中，忽视其使用或使用不当。例如，未戴护目镜或面罩、未戴防护手套、未穿安全鞋、未戴安全帽、未佩戴呼吸用具、未佩戴安全带等。

（12）不安全装束。例如，在有旋转零部件设备旁作业穿过于肥大的服装；操纵带有旋转零部件设备时戴手套；穿容易产生静电的服装进入油、气区；穿带铁钉的鞋；长头发靠近转动设备等。

（13）对易燃、易爆等危险物品处理错误。例如，随意排放油气、油品、酸碱、污水等；带油的抹布随意弃扔；将油污放入生活垃圾或建筑垃圾等。另外，在劳动过程中的人为因素一般还有精神紧张、特定时期劳动组织和作息制度不合理等。

2. 物的不安全状态

物都具有不同形式、性质的能量，会有出现能量意外释放而引发事故的可能性。由于物的能量可能释放引起事故的状态，称为物的不安全状态。这是从能量与人的伤害间的联系所给出的定义。如果从所发生的事故角度考虑，也可把物的不安全状态看作曾引起或可能引起事故的物的状态。

在生产过程中，物的不安全状态极易出现。所有的物的不安全状态，都与人的不安全行为或人的操作、管理失误有关。往往在物的不安全状态背后，隐藏着人的不安全行为或人为失误。物的不安全状态既反映了物的自身特性，又反映了人的素质和人的决策水平。

物的不安全状态的运动轨迹，一旦与人的不安全行为的运动轨迹相交，就是发生事故的时间与空间，所以物的不安全状态是发生事故的直接原因。因此，正确判断物的具体不安全状态，控制其发展，对预防、消除事故有直接的现实意义。物的不安全状态有以下 4 种表现形式：

（1）防护、保险、信号等装置缺乏或有缺陷。

①无防护。包括无防护罩、无安全保险装置、无报警装置、无安全标志、无护栏或护栏损坏、（电气）未接地、绝缘不良、局扇无消音系统或噪声大、危房内作业、未安装防止"跑车"的挡车器或挡车栏等。

②防护不当。包括防护罩未在适当位置，防护装置调整不当，坑道掘进、隧道开凿支撑不当，防爆装置安装不当，采伐、集材作业安全距离不够，放炮作业隐蔽所有缺陷，电气装置带电部分裸露等。

（2）设备、设施、工具、附件有缺陷。

①设计不当，结构不符合安全要求。包括通道门遮挡视线，制动装置有缺陷，安全间距不够，拦车网有缺陷，工件有锋利毛刺、毛边，设施上有锋利倒棱等。

②强度不够。包括机械强度不够、绝缘强度不够、起吊重物的绳索不符合安全要求等。

③设备在非正常状态下运行。包括设备带"病"运转、超负荷运转等。

④维修、调整不良。包括设备失修、地面不平、保养不当、设备失灵等。

（3）个人防护用品、用具——防护服、手套、护目镜及面罩、呼吸器官护具、听力护具、安全带、安全帽、安全鞋等缺少或有缺陷。

①无个人防护用品、用具。

②所用防护用品、用具不符合安全要求等。

（4）生产（施工）场地环境不良

①照明光线不良。如照度不足、作业场地烟雾尘弥漫而使视线不清、光线过强等。

②通风不良。如无通风、通风系统效率低、风流短路、停电停风时放炮作业、瓦斯排放未达到安全浓度便放炮作业、瓦斯超限等。

③作业场地狭窄。

④作业场地杂乱，包括工具、制品、材料堆放不安全，采伐时未开"安全通道"，迎门树、坐殿树、搭挂树未做处理等。

⑤交通线路的配置不安全。

⑥操作工序设计或配置不安全。

⑦地面滑。如地面有油或其他液体、冰雪覆盖、地面有其他易滑物等。

⑧储存方法不安全。

⑨环境温度、湿度不当。

总之，人的不安全行为是指可能造成事故的人为错误，而物的不安全状态是指能导致事故发生的物质条件。人的不安全行为和物的不安全状态是相互影响、相互存在的。所以，抓好安全生产的出发点和着手点，就是要努力消除此两大不安全因素。

3. 管理方面的缺陷

（1）对物（含作业环境）性能控制的缺陷，如设计、监测和不符合处置方面的缺陷。

（2）对人失误控制的缺陷，如教育、培训、指示、雇佣选择、行为监测等方面的缺陷。

（3）工艺过程、作业程序的缺陷，如工艺技术错误或不当，没有作业程序或作业程序错误。

（4）用人单位缺陷，如人事安排不合理、负担超限、没有必要的监督和联络、禁忌作业等。

（5）对来自相关方（供应商、承包商）的风险管理的缺陷，如合同签订、采购等活动中，忽略安全、健康方面的要求。

（6）违反安全人机工程原理，如使用的机器不符合人的生理或心理特点。

此外，一些客观因素，如温度、湿度、风雨雪、照明、视野、噪声、振动、通风换气、色彩等也会引起设备故障或人为失误，是导致危险有害物质和能量失控的间接因素。

4. 生产过程的危险有害因素

《生产过程危险和有害因素分类与代码》（GB/T 13861－2009）将生产过程中的危险有害因素分为以下4类：

（1）人的因素。

心理、生理性危险和有害因素：①负荷超限：体力负荷超限、听力负荷超限、视力负荷超限、其他负荷超限。②健康状况异常。③从事禁忌作业。④心理异常：情绪异常、冒险心理、过度紧张、其他心理异常。⑤辨识功能缺陷、感知延迟、辨识错误、其他辨识功能缺陷。⑥其他心理、生理性危险和有害因素。

行为性危险和有害因素：①指挥错误（指挥失误、违章指挥、其他指挥错误）。②操作失误（误操作、违章作业、其他操作错误）。③监护失误。④其他行为性危险和有害因素。

（2）物的因素。

物理性危险和有害因素：①设备、设施、工具、附件缺陷：强度不够、刚度不够、稳定性差、密封不良、耐腐蚀性差、应力集中。②外形缺陷：外露运动件，操纵器缺陷，制动器缺陷，控制器缺陷，其他设施、设备、工具、附件缺陷。③防护缺陷：无防护，防护设置、设施缺陷，防护不当，支撑不当，防护距离不够，其他防护缺陷。④电伤害：带电部位裸露、漏电、静电、杂散电流、电火花、其他电伤害。⑤噪声：机械性噪声、电磁性噪声、流体动力性噪声、其他噪声。⑥振动危害：机械性振动、电磁性振动、流体动力性振动、其他振动危害。⑦电离辐射。⑧非电离辐射。⑨运动物伤害：抛射物、飞溅物、坠落物、反弹物、土岩滑动、料堆（垛）滑动、气流卷动、其他运动物伤害。⑩明火。⑪高温物质：高温气体、高温液体、高温固体、其他高温物质。⑫低温物质：低温气体、低温液体、低温固体、其他低温物质。⑬信号缺陷：无信号设施、信号选用不当、信号位置不当、信号不清、信号显示不准、其他信号缺陷。⑭标志缺陷：无标志、标志不清、标志不规范、标志选用不当、标志位置缺陷、其他标志缺陷。⑮有害光照。⑯其他物理性危险和有害因素。

化学性危险和有害因素：爆炸品，压缩气体和液化气体，易燃液体，易燃固体、自燃物品和遇湿易燃物品，氧化剂和有机过氧化物，有毒品，放射性物品、腐蚀品、粉尘与气溶胶、其他化学性危险和有害因素。

生物性危险和有害因素：致病微生物（细菌、病毒、真菌、其他致病微生物）、传染病媒介物、致害动物、致害植物、其他生物性危险和有害因素。

（3）环境因素。

室内作业场所环境不良：室内地面滑，室内作业场所狭窄，室内作业场所杂乱，室内地面不平，室内梯架缺陷，地面、墙和天花板上的开口缺陷，房屋基础下沉，室内安全通道缺陷，房屋安全出口缺陷，采光照明不良，作业场所空气不良，室内温度、湿度，气压不适，室内给、排水不良，室内涌水，其他室内作业场所环境不良。

室外作业场地环境不良：恶劣气候与环境，作业场地和交通设施湿滑，作业场地狭窄，作业场地杂乱，作业场地不平，航道狭窄、有暗礁或险滩，脚手架、阶梯和活动梯架有缺陷，地面开口缺陷，建筑物和其他结构缺陷，门和围栏缺陷，作业场地基础下沉，作业场地安全通道缺陷，作业场地安全出口缺陷，作业场地光照不良，作业场地空气不良，作业场地温度、湿度、气压不适，作业场地涌水，其他作业场地环境不良。

地下（含水下）作业环境不良：隧道/矿井顶面缺陷、隧道/矿井正面或侧壁缺陷、隧道/矿井地面却陷、地下作业空气不良、地下火、冲击地压、地下水、水下作业供氧不当、其他地下作业环境不良。

其他作业环境不良：强迫体味、综合性作业环境不良、以上未包括的其他作业环境不良。

（4）管理因素。

①职业安全卫生组织机构不健全；

②职业安全卫生责任制未落实；

③职业安全卫生管理规章制度不完善：建设项目"三同时"制度未落实、操作规程不规范、事故应急预案及响应缺陷、培训制度不完善、其他职业安全卫生管理规章制度不健全；

④职业安全卫生投入不足；

⑤职业健康管理不完善；

⑥其他管理因素缺陷。

二、石油化工企业常见的危害因素

石油化工生产过程的危险有害因素包括工艺过程的危险有害因素和生产过程的危险有害因素。

（1）工艺过程的危险有害因素的识别有以下几种情况：

①存在不稳定物质的工艺过程，这些不稳定物质有原料、中间产物、副产物、添加物或杂质等。

②放热的化学反应过程。

③含有易燃物料且在高温、高压下运行的工艺过程。

④含有易燃物料且在冷冻状况下运行的工艺过程。

⑤在爆炸极限范围内或接近爆炸性混合物的工艺过程。

⑥有可能形成尘、雾爆炸物混合物的工艺过程。

⑦有剧毒、高毒物质存在的工艺过程。

⑧运储有压力、能量较大的工艺过程。

（2）生产过程中的危险有害因素的分类原则，石油化工企业中的危险有害因素分为以下4类：

①人的因素。

在工作过程中指挥失误、操作失误、监护失误、加班加点超负荷工作、健康状况异常、从事禁忌作业、心理异常、辨识功能缺陷等。

②物的因素。

由于设计、制造、使用、作业、储运等过程中造成的强度不够、刚度不够、稳定性差、密封不良、无防护、防护不当、防护距离不够、电危害、振动、坠落物、机动车、运动机械、高低温物质、场地狭窄、安全过道缺陷、信号缺陷、标志缺陷，使用的原料、产品、化工原料属于易燃易爆、自燃、有毒、腐蚀性物质等。

③环境因素。

噪声、明火、粉尘、地面滑、采光照明不良、缺氧、通风不良、电磁辐射等。

④管理因素。

包括安全检查、事故防范、应急管理、作业人员安排、防护用品缺少等。

由于上述危害因素的存在，可能导致的事故主要有着火爆炸、容器爆炸、中毒窒息、高空坠物、车辆伤害、物体打击、机械伤害、起重伤害、触电、烫伤等。

第二节　常见职业危害因素的防护

一、职业危害因素

职业危害因素也称职业病危害因素，是指生产作业环境中存在的可能使作业人员某些器官和系统发生异常改变而形成急性或慢性病变因素。为了区分客体对人体不利作用的特点和效果，通常将危害因素分为危险因素（强调突发性和瞬间作用）和有害因素（强调在一定范围内的积累作用）。职业危害和职业病已成为影响劳动者健康，造成劳动者失去劳动能力的主要因素。不同作业环境所存在的职业危害因素的类型不完全相同，但根据《职业病分类和目录》（国卫疾控发〔2013〕48 号），石油化工企业一般存在以下职业危害因素。

1. 化学性因素

化学性因素主要是生产性粉尘和生产性毒物 2 类。

（1）生产性粉尘。常见的生产性粉尘主要有石油焦粉尘、白土粉尘以及催化剂硅酸铝粉尘等。作业人员长期在超过国家规定的最高容许粉尘浓度条件下作业，加上其他因素影响，就有可能发生尘肺病（肺尘埃沉着症）。粉尘中的主要危害化学因素为游离二氧化硅、硅酸盐等。

（2）生产性毒物。常见的生产性毒物有氮氧化物、硫化氢、一氧化碳等窒息性气体；氨、酚、甲醇、糠醛、二氧化硫等刺激性气体；正宗烷、苯、三氯乙烯、二氯乙烷等有机溶剂；铅、汞、砷等金属毒物和类金属毒物。生产性化学毒物可引起急、慢性职业中毒，作业人员可能接触到的生产性毒物类型很多，取决于实际生产条件，如肌体健康状态、毒物的性质和剂量，以及作用方式、接触时间等，尤其是硫化氢、氮气、氨等是石油化工行业重点防治的对象。

2. 物理性因素

物理性因素主要指以下 3 类：

（1）不良的气象条件。生产场所的温度、湿度、气流及热辐射构成了生产环境的气象条件。在强烈热辐射、高温、高湿等不良气象条件下作业，可能引起中暑，而在寒冷气候条件下工作，不仅可能引起冻伤，还会增高感冒、气管炎和心血管病的发病率。

（2）噪声和振动。在生产过程中，噪声和振动通常同时存在。噪声对人体的危害是多方面的，主要是损害听觉，可引起职业性耳聋。振动也影响人体健康，可以引起振动病，振动的频率和振幅大小是决定振动对人身健康危害大小的主要因素。噪声和振动还可引起中枢和自主神经系统机能紊乱，主要表现为头痛、头晕、失眠、注意力分散、反应迟钝等神经衰弱症状，常常影响人们的工作能力和工作效率，甚至影响人们的生活质量。

（3）高气压和低气压。当人体从正常大气压状态进入气压降低或升高的状态时，由于人体内部压力与周围气压压差变化，或由于周围气压降低导致氧气含量降低，将引起人体生理系统功能的一系列变化，严重时可引起病变，如高山病、潜水病。

二、常见职业危害因素的防护措施

1. 粉尘

对粉尘作业的防护措施主要有工程防护、湿式作业、封闭尘源、通风除尘、个体防护、佩戴符合要求的防尘口罩等。

2. 高、低温

（1）高温。高温作业的防护措施主要有：

①尽可能实现自动化和远距离操作等隔热操作方式，设置热源隔热屏等，如热源隔热保温层、水幕、隔热操作室（间）、各类隔热屏蔽装置等。

②通过合理调节自然通风气流，设置全面、局部进风装置或空调，降低工作环境的温度。

③使用隔热服等个人防护用品，供应清凉饮料。防暑降温措施主要是隔热、通风和个体防护，解决高温作业危害的根本出路在于实现生产过程中的自动化；

《高温作业分级》（GB/T 4200－2008）对高温作业持续接触热时间进行了限制。

（2）低温。低温作业、冷水作业的防护措施主要有：

①实现自动化、机械化作业，避免或减少低温作业和冷水作业。控制低温作业、冷水作业时间。

②穿戴防寒服（手套、鞋）等个人防护用品。

③设置采暖操作室、休息室、待工室等。

④冷库等低温封闭场所应设置通信、报警装置，防止误将人员关锁。

3. 噪声

噪声控制的方法主要包括以下几种：

（1）工程控制。在设备采购上，要考虑设备的低噪声、低振动；对噪声问题，寻找设计上的解决方案，包括使用更为安静的工艺流程（如用压力机替代气锤等），设计具有弹性的减震器托架和联轴器，在管道设计中尽量减少其方向及速度上的突然变化；在操作具有旋转式和往复式运动的设备时，要尽可能的慢。

（2）方向和位置控制。把噪声源移出作业区或者转动器的方向。

（3）封闭。将产生噪声的机器或其他噪声源用吸音材料包围起来。但是，除了在全封闭的情况下，这种做法效果有限。

（4）使用消声器。当空气、气体或者蒸气从管道中排出时或在其中流动时，用消声器可降低噪声。

（5）外包消声材料。作为替代密封的办法，用在运送蒸气及高温液体管道的外面。

（6）减振。采用增设专门的减振垫、坚硬肋状物或者双层结构来实现。

（7）屏蔽。这在减少噪声的直接传递方面是有效的。

（8）吸声处理。从声学上进行设计，用有关材料制作墙壁和天花板来吸收噪声。

（9）隔离作业人员。在高噪声作业环境下，无关人员不要进入。短时间地进入这种环境而暴露在高声压的噪声下，也会超过每日允许的剂量。

（10）个体防护。提供耳塞或耳罩，这应该被看成是最后一道防线。需要佩戴个体防护用具的区域要明确标明，对用具的使用及使用原因都要讲清楚，要有适当的培训。

噪声的卫生标准：工业企业的生产车间和作业场所的工作地点的噪声标准为85dB（A）。现有工业企业经过努力，暂时达不到标准时，可适当放宽要求，但不得超过90dB（A）。对每天接触噪声不到8小时的工种，根据企业种类和条件，可相应放宽。

4．振动

振动是指物体在外力作用条件下，以中心位置为基准呈往复振荡的现象。生产过程中的生产设备、工具产生的振动称为生产性振动。振动的控制措施有：

（1）从工艺和技术上消除或减少振动源是预防振动危害最根本的措施，如用油压机或水压机替代气锤，用水爆清沙或电液清沙代替风铲清沙，以电焊代替铆焊。

（2）选用运动平衡性能好、振动小、噪声低的设备。在设备上设置动平衡装置，安装减振支架、减振手柄、减振垫层、阻尼层。减轻手持振动工具的质量。

（3）基础隔振是将振动设备的基础与基础支撑之间用减振材料（橡胶、软木、泡沫乳胶、矿渣等）、减振器（金属弹簧、橡胶减震器和减震垫等）隔振，减少振源的振动输出。在振源设备周围的底层中设置隔振沟、板桩墙等隔振层，切断振源向外传播的途径。

（4）个体防护穿戴防振手套、防振鞋等个人防护用品，降低振动危害程度，其中最重要的是防止手指受冷。

5．生产过程毒物的防护

生产性毒物在生产过程中可以在原料、辅助材料、夹杂物、半成品、成品、废气、废液及废渣中存在，其形态可以固体、液体、气体等形式存在于生产环境中。了解生产性毒物的存在形态，有助于研究有毒物进入机体的途径、发病原因，而且便于采取有效的防护措施，以及选择车间空气中有害物的采样方法。这里只介绍石油化工行业中常见的硫化氢、苯、氨、汽油、天然气、甲醇、一氧化碳、液化天然气等有毒物的防护。

（1）硫化氢

硫化氢常态为无色、有臭鸡蛋气味的气体；剧毒，易溶于水，能与多种金属离子发生化学反应，生成不溶于水的硫化物；气体比空气重，容易扩散到相当远的区域，遇明火会引起回燃。硫化氢是强烈的神经毒物，主要经呼吸道吸收而引起全身中毒，低浓度中毒经过一段时间后，才感到头痛、流泪、恶心，眼结膜、口腔黏膜红肿，皮肤发痒、干燥，嗓子感到不适。当吸入大量硫化氢时，人会立即昏迷；当硫化氢浓度高达 $1000mg/m^3$ 时，人会失去知觉，很快就会中毒死亡。硫化氢在浓度低的时候，能闻到难闻的臭味，起初臭味增强与浓度的升高成正比，但当浓度超过 $10mg/m^3$ 时，浓度继续升高臭味反而减弱，而这种情况才是最危险的。

硫化氢的防护主要包括：

①生产企业内有泄露硫化氢有毒气体的场所，必须配置固定式硫化氢检测报警器和便携式硫化氢检测报警器，以及适用的防毒救护器材。

②在每一个有泄露硫化氢危险的工作场所设置警示牌和风向标，明确作业时应采取的防护措施。

③所有含硫化氢介质的采样和切水作业应为密闭方式。

④所有在含硫化氢环境中作业的人员，都必须接受硫化氢防护的教育和培训。

⑤禁止任何人员在未佩戴合适的防毒器材的情况下进入可发生硫化氢中毒的区域。

⑥在含有硫化氢的油罐、粗汽油罐、轻质污油罐及含酸性气瓦斯介质的设备上作业时，必须随身佩戴好适用的防毒救护器材。作业时至少应有两人同时到现场，并站在上风向，实行一人作业，另一人监护。

⑦凡进入含有硫化氢介质的设备、容器内作业时，必须按规定切断一切物料，彻底冲洗、吹扫、置换、加好盲板，经取样分析合格，落实好安全措施，并按规定办理安全作业手续，在有人监护的情况下进行作业。

⑧在接触硫化氢有毒气体的作业中，作业人员一旦发生硫化氢中毒，监护人员应当立即使中毒人员脱离毒区到空气新鲜的地方，迅速通知气防机构和急救部门，有条件的话应立即给予吸氧；对于呼吸和心脏骤停者，应立即实施心肺复苏术，禁止采用口对口人工呼吸法；对中毒人员进行急救时，救护人员必须佩戴好适用的防毒救护器材。

（2）苯

苯在石油化工企业很多生产过程中都存在，是无色透明、略带芳香气味、易挥发、易燃液体，微溶于水，易溶于乙酸、乙醚、丙酮等有机溶剂。苯属于中等毒性。急性毒作用，主要作用中枢神经系统，以麻醉作用为主。慢性毒作用，主要作用于造血组织，以抑制造血机能为主，其次作用于神经系统。

苯的防护主要包括：

①用无毒或低毒物质代替苯、甲苯、二甲苯作为溶剂或稀释剂。

②加强设备密闭化、通风排毒。

③根据需要佩戴防有机蒸气滤毒口罩或送风式口罩、面罩，皮肤的局部防护可用液体皮肤防护膜。

④作业人员定期体检。

（3）氨

氨主要见于常减压蒸馏、酮苯脱蜡、石墨成型、氨罐区等场所。氨是无色、具有强烈刺激气味的气体，极易溶于水形成氨水，呈强碱性，能碱化脂肪。氨属于中等毒类，低浓度对黏膜有刺激作用，会使组织溶解性坏死等，还可通过三叉神经末梢的反射作用引起心脏停搏或呼吸停止。

氨的防护主要包括：

①加强生产设备的密闭化和通风排毒，严防"跑、冒、滴、漏"。

②严格遵守操作规程，加强个人防护，必要时佩戴空气呼吸器、橡胶手套、胶鞋、防护镜等。

③做好上岗前体检及定期复检。

④发生泄漏时，可用雾状水吸收。

（4）天然气

天然气常压下为无色气体，主要成分为甲烷，含少量乙烷，不含或很少含丙烷以上烃类组分，脱硫天然气中含有一定浓度的硫化氢。天然气的毒性因其化学组成不同而异。原料天然气含硫化氢，毒性随硫化氢浓度增加而增高。天然气中的甲烷对人基本无毒，但浓度过高时，空气中氧含量明显降低，使人窒息。天然气进入人体主要途径为吸入。长期接触一定浓度的天然气，可造成头晕、头痛、失眠、记忆力减退、食欲不振、无力等神经衰弱症；接触高浓度的天然气，可引起缺氧窒息、昏迷、呼吸困难以至脑水肿、肺水肿等严重并发症。

天然气的防护主要包括：

①加强天然气生产装置的密闭化和通风排毒。

②加强装置设备防腐蚀检查及检测。

③作业人员要严格遵守操作规程，加强个人防护，必要时佩戴空气呼吸器、橡胶手套、胶鞋、防护镜等。

④做好上岗前体检及定期体检。

⑤一旦发生天然气中毒，应立即将中毒者脱离现场至空气新鲜处，保持呼吸道畅通；如呼吸困难，给及时输氧；如果呼吸停止，立即进行人工呼吸，并立即就医。

⑥如果脱硫前的干气发生泄漏，应急人员应穿内置正压自给式呼吸器的全封闭防化服，采取关闭阀门或堵漏等措施切断气源，并用雾状水保护抢救人员。

（5）甲醇

甲醇是一种无色、透明、易燃、易挥发的有毒液体，略有酒精气味，比水轻，能与水、乙醇、乙醚、苯、酮、卤代烃和许多其他有机溶剂相混溶。甲醇对呼吸道及胃肠道黏膜有刺激作用；对血管神经有毒副作用，能引起血管痉挛，形成淤血或出血；对中枢神经系统有麻醉作用；对视神经和视网膜有特殊选择作用，使视网膜因缺乏营养而坏死。甲醇侵入人体的主要途径有吸入、食入、经皮肤吸收。急性中毒表现为：短时大量吸入甲醇可出现轻度眼及上呼吸道刺激症状（口服有胃肠道刺激症状）；经一段时间潜伏期后会出现头晕、头痛、乏力、眩晕、酒醉感、意识蒙眬、谵妄，甚至昏迷；视神经及视网膜病变，出现视觉模糊、复视等，重者失明。慢性影响主要有：神经衰弱综合征、自主神经功能失调、黏膜刺激、视力减退等；皮肤出现脱脂、皮炎等。

甲醇的防护主要包括：

①生产过程中尽量使用乙醇代替甲醇；

②加强密闭、通风排毒设施，佩戴防护口罩和手套；

③加强管理，防止误服；

④急救措施主要有：如果皮肤接触，脱去被污染的衣物，用肥皂水和清水彻底冲洗皮肤；如果眼睛接触，提起眼睑，用流动清水或生理盐水冲洗并就医；如果吸入，迅速脱离现场至空气新鲜处，保持呼吸道通畅；如呼吸困难，给输氧；如停止呼吸，立即进行人工呼吸并紧急送医；如果食入，饮足量温水，催吐，用清水或1%硫代硫酸钠溶液洗胃并送医。

（6）一氧化碳

一氧化碳（CO）为一种无色、无臭、无刺激性的气体，微溶于水，易溶于氨水。

急性一氧化碳中毒，轻者头痛、眩晕，重者昏迷。紧张的体力劳动、疲劳、贫血、饥饿、营养不良等，均可加重或加快一氧化碳中毒。存在高温或氮氧化物、二氧化碳、氰化物、苯、汽油等有害气体时，也能加重或加快一氧化碳的中毒。

一氧化碳的防护主要包括：

①凡是可能存在一氧化碳的场所，都应加强自然通风和局部通风。空气中浓度超标时，必须佩戴防毒面具；

②经常对生产设备进行维护和检修，防止漏气；

③抢修设备故障时，应佩戴好防毒面具，且无冒险作业；

④进入高浓度作业区，先测定一氧化碳的浓度，并进行通风、排风；

⑤发生一氧化碳急性中毒后，应迅速将中毒者移至空气新鲜处，松解衣扣和腰带，清除口腔异物，保持呼吸道通畅，注意保暖，有条件时应立即给予吸氧。对呼吸、心

脏跳动突然停止者立即实施心肺复苏术，并报警求救。

（7）液化天然气

液化天然气简称LNG，主要成分是甲烷，无色、无味、无毒且无腐蚀性，其常压沸点：−162.15℃。LNG泄漏后，会瞬间出现吸热气化，使得周围温度迅速下降，人体接触后很快出现冻伤现象，这一点需引起特别重视。虽然LNG蒸气无毒，但其中的氧含量低，容易使人窒息。如果吸入纯净的LNG蒸气而不迅速脱离，很快就会失去知觉，几分钟后便会死亡。

LNG的防护主要包括：

①加强LNG设备的密闭化和通风排毒。

②接触低温气体、低温液体，必须要戴上防护面罩及防冻手套，穿无袋的长裤及高筒靴（把裤脚放在靴的外面）、长袖的衣服，在缺氧条件下，需戴呼吸设备。

③发生LNG冻伤时，应该用大量温水（41~46℃）冲洗皮肤冻伤处，不可使用干燥加热的方法，应将伤员移到温暖的地方（约22℃）或送医。

（8）汽油

汽油普遍存在于石油化工企业生产、储运、装卸采样、分析等过程中，易挥发燃烧，具有特殊气味，含硫化物杂质越多，味越大。汽油味麻醉性毒物，对皮肤和黏膜具有一定的刺激作用，主要作用于中枢神经系统。慢性中毒主要表现为神经衰弱症候群，可引起皮肤干燥、皲裂、角化、急性皮炎等。

汽油的防护主要包括：

①加强炼油生产设备的密闭化和通风排毒。

②严禁用汽油擦洗设备、衣物、工具及地面等。

③进入汽油蒸气浓度高的地方作业，严格遵守操作规程，佩戴好防护用品。

三、职业病知识

1. 定义

职业病是指企业、事业单位和个体经济组织（通称用人单位）的劳动者在职业活动中，因接触粉尘、放射性物质和其他有毒有害等因素而引起的疾病。它包括以下要点：患病者是劳动者，在明确的用人单位中从事职业活动，必须接触粉尘、放射性物质和其他有毒有害物质等职业病危害因素。根据2013年修订的《职业病分类和目录》规定，我国法定职业病共分为10大类132种。依据国家卫生部《职业病危害因素分类目录》和《建设项目职业病危害评价规范》，石油化工行业常见的职业病危害因素有7大类40余种，可能发生的职业病种类有40余个，主要包括白土尘肺、氯气中毒、二氧化硫中毒、氨中毒、硫化氢中毒、苯中毒、汽油中毒，以及中暑、接触性皮炎、光敏性皮炎、黑变病、痤疮、噪声耳聋等。

2. 发病规律和特点

（1）有明确的病因。职业病由生产中的各种职业病危害因素所致，如职业中毒是由于吸收了各种生产性毒物而致病。

（2）发病与劳动条件有关。职业病的发病主要与接触生产性有害因素的数量和作业时间有关，劳动强度、周围环境等对其也有一定的影响。例如，急性职业中毒发生于短期内吸收大量毒物的场合，慢性职业中毒是由于长期接触一定量的生产性毒物后才发病。

（3）不同职业病危害因素，对人体健康的危害各不相同，因此职业病的临床表现十分复杂，可涉及全身各器官和系统。例如，慢性苯中毒多在长期接触苯之后逐渐出现血象改变，早期多表现为白细胞减少。如果及时隔离，病情多能恢复。

（4）多数职业病尚无特效治疗药物，而以对症治疗为主，其疗效往往不够理想。

（5）常有群体性发病情况，在同一生产环境中，往往不是只有个别人发病，而是同时或先后发现一批相同的职业病患者。

（6）职业病是完全可以预防的，只要采取有效的预防措施，使劳动者免于接触有害因素，职业病就可以避免。

第三节　劳动防护用品及安全使用

劳动者在生产劳动过程中，常常会遭受尘、毒、噪声、振动、辐射、电击、烧灼、打击、坠落、刺割、绞碾等职业性伤害。为了防止上述伤害事故，劳动者必须采用必要的劳动防护用品，以阻隔、封闭、吸收、缓冲、减低、屏蔽、反射、消除等手段，保护人体的局部或者全身免受外来伤害，或遭受伤害时大大减轻危害的强度。

劳动保护用品是在保护员工在劳动过程中的安全与健康所必需的防御性装备，是减少伤亡事故和预防职业病的辅助设施。它是由用人单位或业主无偿提供给劳动者穿（佩）戴的，不属于生活福利待遇。劳动防护用品一般包括头部、呼吸器官、眼面部、听觉器官、手部、足部、躯干、皮肤、防坠落及其他防护用品。

一、防静电服

在有易燃易爆气体存在的场所，是禁止穿化纤服装上岗的。我们很多人日常生活中都体会过睡觉前脱下化纤织物时，看到蓝色的小火花，还会听到"噼噼啪啪"的响声，这就是化纤物在摩擦中产生的静电。化纤织物在摩擦时产生的静电火花，会给禁火区的安全生产带来严重危害。如果生产装置有易燃易爆物料泄露，形成爆炸性混合气体，一遇火花，就会起火爆炸。另外，棉、毛织品燃烧后可成灰，而化纤织物在高温下呈黏糊状，会黏附在皮肤上，加重烧伤伤势，不利于救治。例如，某厂发生爆炸事故时，一个在场的操作工穿的涤纶长裤和腈纶衫都被烧光，唯独棉布短裤和长裤棉口袋完好。由于燃烧着的腈纶、涤纶织物黏附在皮肉上，并释放有毒有害物质，该工人因抢救无效死亡。

防静电服使用常识：

1. 在易燃易爆危险场所的作业人员，应穿用防静电服；

2. 禁止在易燃易爆场所穿脱；

3. 禁止在防静电服上附加或佩戴任何金属物件；

4. 穿用防静电服时，必须与防静电鞋配套穿用。

二、防静电鞋

由于石油化工生产的特殊性，对工作鞋还有特别要求，如严禁穿戴铁钉的鞋进入油气区及易燃易爆装置，在有静电危害的场所应使用防静电工作鞋或导电工作鞋。防静电胶鞋能及时消除人体静电积聚，又能防止 250 伏以下电源电击。防静电鞋应与防静电服配套使用。

防静电鞋使用常识：

1. 在因人体带有静电而可能引起燃烧、爆炸的场所和在 250 伏以下电气设备能偶然引起对人体的电击及火灾的场所要穿用防静电胶鞋。

2. 为确保消除人体静电的效果，穿用防静电胶鞋时所处地面的电阻应不大于 $1.0 \times 10^8 \Omega$。

3. 在鞋的穿用过程中，防静电胶鞋的底部不得沾有绝缘性的杂质。

4. 在鞋的穿用过程中，不能同时穿绝缘性强或毛制的厚袜子以及绝缘性的鞋垫等。

5. 禁止防静电鞋当绝缘鞋使用。

6. 使用防静电鞋的场所应该是防静电的地面，使用导电鞋的场所应是能导电的地面，达到一个良好的防静电或导电效果。

7. 防静电鞋应与防静电服配套使用，注意产品的清洁、防水、防潮。

8. 穿用过程中一般不超过 200 小时应进行电阻测试一次，如果电阻不在规定的范围内，则不能作为防静电鞋使用。防静电鞋要求电阻应在 $100K\Omega$ 至 $1000M\Omega$ 之间。

三、安全帽

由于石油化工企业塔罐林立、管道纵横，作业现场受到环境的制约，尤其是检修、施工情况更是错综复杂，头部容易被高空坠物打击。为了避免发生事故，在石油化工企业安全制度上明文规定，不戴安全帽者严禁进入生产装置和检修、施工现场。安全帽主要是由帽壳和帽衬两部分组成。帽壳由合成树脂、金属、橡胶布、植物条料等制成。帽衬由高压聚乙烯塑料、合成纤维或棉织品等制成。不同用途的安全帽有不同的安全性能，安全性能有冲击吸收性能、耐穿透性能、耐低温性能、耐燃烧性能、电绝缘性能、侧向性能、抗静电性能、耐辐射热性能等，但冲击吸收性能和耐穿透性能是各种安全帽都应具有的。在石油化工生产企业中，用合成树脂材料制作的安全帽比较多。合成材料制作的安全帽，均能达到《头部防护安全帽》（GB 2811－2019）规定的基本要求。因此，选择安全帽时，一是要符合国家标准；二是要根据防护目的选用。

安全帽使用常识：

1. 每次使用前，一定要检查安全帽有无损伤，帽壳与帽衬之间的距离是否符合要求，否则，就会影响其性能，起不到防护作用。

2. 使用时，安全帽要戴正，切不可戴歪，否则会降低防冲击的效果。

3. 使用时，安全帽的帽带一定要系好牢，如系不牢，安全帽容易脱落，也就难以发挥应有的安全防护作用。

4. 不能私自在安全帽上打孔，使用时不要随意摔碰或者当作坐垫，否则降低安全帽的强度。

5. 安全帽不应放置在有腐蚀性、高温、日晒、潮湿的场所，以免其迅速老化或变质；不要同坚硬物放在一起。

6. 受过一次强冲击的安全帽应及时报废，不能继续使用。

7. 要使用在有效期内的安全帽，超过有效期的安全帽应报废。

四、安全带

高处作业劳动者佩扎预防坠落伤亡的防护用品为安全带。它是由带子、绳子和金属配件组成。

安全带使用常识：

1. 高处作业人员必须扎好安全带方可工作。

2. 安全带应高挂低用，注意防止摆动碰撞，使用 3 米以上长绳应加缓冲器。

3. 缓冲器、速差式装置和自锁钩可串联使用。

4. 不准将绳打结使用，也不准将钩直接挂在安全绳上使用，应挂在连接环上用。

5. 安全带上各种部件不得任意拆掉，更换新绳时要注意加绳套。

五、空气呼吸器

空气呼吸器又称贮气式防毒面具，有时也称为消防面具。它以压缩气体钢瓶为气源，但钢瓶中盛装气体为压缩空气。空气呼吸器广泛应用于消防、化工、船舶、石油、冶炼、仓库、试验室、矿山等部门，供消防员或抢险救护人员在浓烟、毒气、蒸气或缺氧等各种环境下安全有效地进行灭火、抢险救灾和救护工作。空气呼吸器主要由面罩、气瓶、瓶带组、肩带、报警哨、压力表、气瓶阀、减压器、背托、腰带组、快速接头、供给阀等组成。

空气呼吸器是利用压缩空气的正压自给开放式呼吸器，工作人员从肺部呼出气体通过全面罩，呼气阀排入大气中，当工作人员吸气时，有适量的新鲜空气由气体贮存气瓶，经气瓶开关、减压器中软导管、供给阀、全面罩将气体吸入人体肺部，完成了整个呼吸循环过程。在这个呼吸循环过程中由于在全面罩内设有两个吸气阀门和呼气阀，它们在呼吸过程中是单方向开启，因此，整个气流方向始终是沿一个方向前进，构成整个的呼吸循环过程。打开气瓶阀，高压空气依次经过气瓶阀、减压器，进行一级减压后，输出约 0.7MPa 的中压气体，再经中压导气管送至供气阀，供气阀将中压气体按照佩戴者的吸气量，进行二级减压，减压后的气体进入面罩，供佩戴者呼吸使用，人体呼出的浊气经面罩上的呼气阀排到大气中，这样气体始终沿着一个方向流动而不会逆流。

空气呼吸器使用常识：

1. 使用前必须检查全面罩的镜片、系带、环状密封、呼气阀、吸气阀是否完好，有无缺件和供给阀的连接位置是否正确，连接是否牢固。全面罩的镜片及其他部分要清洁、明亮和无污物。检查全面罩与面部贴合是否良好并气密；检查压力表有无损坏，它的连接是否牢固；检查供给阀的动作是否灵活，是否缺件，它和中压导管的连接是否牢固，是否损坏；检查供给阀和呼气阀是否匹配。

2. 佩戴时，先将快速接头断开（以防在佩戴时损坏全面罩），然后将背托在人体背部（空气瓶开关在下方），根据身材调节好肩带、腰带并系紧，以合身、牢靠、舒适为宜。

3. 把全面罩上的长系带套在脖子上，使用前全面罩置于胸前，以便随呒佩戴，然后将快速接头接好。

4. 将供给阀的转换开关置于关闭位置，打开空气瓶开关。

5. 戴好全面罩（可不用系带）进行 2～3 次深呼吸，应感觉舒畅。屏气或呼气时，供给阀应停止供气，无"咝咝"的响声。用手按压供给阀的杠杆，检查其开启或关闭是否灵活。一切正常时，将全面罩系带收紧，收紧程度以既要保证气密又感觉舒适、无明显的压痛为宜。

6. 撤离现场到达安全处所后，将全面罩系带卡子松开，摘下全面罩。

7. 关闭气瓶开关，打开供给阀，拔开快速接头，从身上卸下呼吸器。

8. 平时应对空气呼吸器做好有效的维护保养。

六、听力保护器具

听力保护的器具主要有两大类：一类是放置于耳道内的耳塞，用于阻止噪声进入；另一类是置于耳外的耳罩，限制声能通过外耳进入耳鼓、中耳和内耳。需要注意的是，这两种保护器具均不能阻止相当一部分的声能通过头部传导到听觉器官。

1. 耳塞

可以放置在耳道内，是用树脂泡沫材料或者橡胶等制成，用完了可以丢弃。也有一些种类的耳塞是可以重复使用的，但是必须注意工业卫生方面的问题，在使用后，要特别注意耳塞的清洁问题。另外，也要注意耳塞和使用者的耳道是否匹配，虽然耳塞有好几十种不同尺寸，但要由经过考核的人员来决定佩戴者应使用的尺寸。

耳塞使用常识：

（1）各种耳塞在佩戴时，要将耳郭向上拉，使耳甲腔呈平直状态，然后手持耳塞柄，将耳塞帽体部分轻轻推向外耳道内，并尽可能地使耳塞体与耳甲腔相贴合。但不要用劲过猛过急或插的太深，以自我感觉适度为宜。

（2）戴后感到隔声不良时，可将耳塞稍微缓慢转动，调整到效果最佳位置为止。

2. 耳罩

耳罩由可以盖住耳朵的套子和放在头部上来定位的带子组成。套子里通常充填有吸声材料，即树脂塑胶泡沫材料，并能达到耳朵密封的效果。耳罩的密封性取决于耳罩的设计、密封方式及佩戴的松紧程度。

耳罩使用常识：

（1）使用耳罩时，应先检查罩壳有无裂纹和漏气现象，佩戴时应注意罩壳的方法，顺着耳郭的形状戴好。

（2）将连接弓架放在头顶适当位置，尽量使耳罩软垫圈与周围皮肤相互密合，如不合适时稍事移动耳罩或弓架，使其调整到合适位置。

（3）无论戴用耳罩还是耳塞，均应在进入有噪声车间前戴好，工作中不得随意摘下，以免伤害耳鼓膜。如确需摘下，最好在休息时或离开车间以后，到安静场所再摘掉。

七、眼睛防护器具

在选择保护用品时，为了使其有效，首先要对眼睛可能遇到的危害及其风险的程度进行评估。眼睛保护用品一般可分为以下3类：

1. 安全眼镜

用于预防低能量的飞溅物，如金属碎渣等。但不能抵御粉尘，也不能抵御高能量的冲击。

2. 安全护目镜

用于预防高能量的飞溅物和灰尘，在经过进一步处理后，也能抵御化学品及金属液滴。其缺点是内侧容易起雾，镜片容易损坏，戴后视野受局限，不能保护整个面部，价格也昂贵。在抵抗非离子辐射时，要另加过滤片。

3. 面罩式护目镜

提供对整个面部的高能量飞溅的保护，同时加上各种过滤片后，可以处理各种类型的辐射，但视野可能会受到限制。虽然有一些头盔的风挡易于置换且不贵，但总价格还是较高。另外，面罩虽重，但相对眼睛来讲，内侧不容易雾化。

护目镜使用常识：

（1）护目镜镜片使用时要注意专人专用，禁止交换使用，防止传染眼病，因护目镜大小而产生意外情况。

（2）树脂镜片受到强烈冲击有破碎的可能，易造成眼睛和面部损伤，建议不要在剧烈运动时使用。

（3）护目镜使用时间过长或使用不当，会造成镜片粗糙及损坏，留下刮痕后的镜片会影响佩戴者的视线，达不到佩戴安全标准需要及时进行调换。

（4）护目镜禁止重压，在保存时尽量远离坚固物体，防止对镜片造成损坏。

（5）当镜片附上汗水等污渍，建议立即用清水冲洗再用纸巾吸干水分后用专用眼镜布擦干。很脏时建议先用低浓度的中性洗剂清洗，然后用清水冲洗擦干。

（6）在清洗护目镜时，需要使用柔软的专业擦拭布进行清理，并放于眼镜盒或安全的地方。

（7）对于综合性的眼部防护用品需要根据产品的使用说明书进行使用及保养。在一些化学飞溅工作场所使用后，需要进行及时的清洁维护，有必要时需及时更换。

（8）电焊护目镜的滤光片和保护片要按规定作业需要选用和更换。对于焊机护目镜的滤光片和作业保护镜片，需要在达到使用期限时进行及时检查及更换。

需要注意的是，所有劳动保护用品，在使用前都要根据制造商的说明进行检查。

第五章　事故应急处置与现场救护

发生事故后，专业救援人员不可能立即到达事故现场，事故现场人员如能在事故初期及时采取紧急措施，正确开展自救、互救与现场急救，这样就可以大大降低事故所造成的危害程度，减少人员伤亡。

第一节　常见灭火器的使用方法

一、手提式干粉灭火器

干粉灭火剂是用于灭火的干燥且易于流动的微细粉末，由具有灭火效能的无机盐和少量的添加剂经干燥、粉碎、混合而成微细固体粉末组成。除扑救金属火灾的专用干粉化学灭火剂外，干粉灭火剂一般分为 BC 干粉灭火剂和 ABC 干粉灭火剂两大类。如碳酸氢钠干粉、改性钠盐干粉、钾盐干粉、磷酸二氢铵干粉、磷酸氢二铵干粉、磷酸干粉和氨基干粉灭火剂等。

1. 适用范围

手提式干粉灭火器适用于易燃、可燃液体、气体及带电设备的初起火灾，手提式干粉灭火器除可用于上述几类火灾外，还可扑救固体类物质的初起火灾。但都不能扑救金属燃烧火灾。

2. 灭火原理

干粉灭火剂主要通过在加压气体作用下喷出的粉雾与火焰接触、混合时发生的物理、化学作用灭火：

一是干粉中的无机盐的挥发性分解物，与燃烧过程中燃料所产生的自由基或活性基团发生化学抑制和副催化作用，使燃烧的链反应中断而灭火；

二是干粉的粉末落在可燃物表面外，发生化学反应，并在高温作用下形成一层玻璃状覆盖层，从而隔绝氧，进而窒息灭火。另外，干粉还有部分稀释氧和冷却作用。

3．使用方法

（1）除掉铅封，拔掉保险销，左手握着喷管，右手提着压把，在距离火焰2米的上风向上，右手用力压下压把，左手拿着喷管左右扫射，喷嘴需正对火焰根部，由近及远进行灭火。

（2）如果被扑救的液体火灾呈流淌燃烧时，应对准火焰根部由近而远，并左右扫射，直至把火焰全部扑灭。

（3）如果可燃液体在容器内燃烧，使用者应对准火焰根部左右晃动扫射，使喷射出的干粉流覆盖整个容器开口表面；当火焰被赶出容器时，使用者仍应继续喷射，直至将火焰全部扑灭。

（4）在扑救容器内可燃液体火灾时，应注意不能将喷嘴直接对准液面喷射，防止喷流的冲击力使可燃液体溅出而扩大火势，造成灭火困难。

（5）如果当可燃液体在金属容器中燃烧时间过长，容器的壁温已高于扑救可燃液体的自燃点，此时极易造成灭火后再复燃的现象，若与泡沫类灭火器联用，则灭火效果更佳。

4．注意事项

使用手提式干粉灭火器扑救固体可燃物火灾时，应对准燃烧最猛烈处喷射，并上下、左右扫射。如条件许可，使用者可提着灭火器沿着燃烧物的四周边走边喷，使干粉灭火剂均匀地喷在燃烧物的表面，直至将火焰全部扑灭。

二、手推车式干粉灭火器

1．适用范围

手推车式干粉灭火器适用于普通固体可燃物质、可燃液体、可燃气体和带电设备的初期火灾。

2．使用方法

（1）使用前将推车摇动数次，防止干粉长时间放置后发生沉积，影响灭火效果。

（2）推车式灭火器一般由两人操作，使用时两人一起将灭火器推或拉到燃烧处，在离燃烧物10米左右停下。

（3）一人取下喷枪，展开喷带，注意喷带不能弯折或打圈，打开喷管处阀门。

（4）另一人拔出保险销，向上提起手柄，将手柄扳到正冲上位置。

（5）对准火焰根部，扫射推进，注意死角，防止复燃。

（6）灭火完成后，首先关闭灭后期阀门，然后关闭喷管处阀门。

3．注意事项

（1）存放于干燥通风处，不可受潮或曝晒。

（2）经常检查压力表压力在不在正常的压力范围（绿区）。

三、手提式二氧化碳灭火器

二氧化碳灭火器适宜扑灭精密仪器、电子设备以及 600 伏以下的电器初起火灾。手提式二氧化碳灭火器有两种使用方式，即手轮式和鸭嘴式。

1. 使用方法

（1）手轮式二氧化碳灭火器使用方法：一手握住喷筒把手，另一手撕掉铅封，将手轮按逆时针方向旋转，打开开关，二氧化碳气体即会喷出。

（2）鸭嘴式二氧化碳灭火器使用方法：一手握住喷筒把手，另一手拔去保险销，将扶把上的鸭嘴压下，即可灭火。

2. 注意事项

（1）灭火时，人员应站在上风处。

（2）持喷筒的手应戴防冻手套，紧握在胶质喷管处，防止冻伤。

（3）室内使用后，应加强通风。

四、手提式泡沫灭火器

手提式泡沫灭火器是灭火器的一种，适用于扑救一般 B 类火灾，如油制品、油脂等火灾，也可适用于 A 类火灾，但不能扑救 B 类火灾中的水溶性可燃、易燃液体的火灾，如醇、酯、醚、酮等物质火灾；也不能扑救带电设备及 C 类和 D 类火灾。

1. 使用方法

（1）右手拖着压把，左手拖着灭火器底部，轻轻取下灭火器。

（2）右手提着灭火器到现场。

（3）右手握住喷嘴，左手执筒底边缘，把灭火器颠倒过来呈垂直状态，用劲上下晃动几下，然后放开喷嘴。

（4）右手抓筒耳，左手抓筒底边缘，把喷嘴朝向燃烧区，站在离火源 8 米的地方喷射，并不断前进，兜围着火焰喷射，直至把火扑灭。

（5）灭火后，把灭火器卧放在地上，喷嘴朝下。

2. 注意事项

（1）灭火器提取要平稳，以防两种药液混合。

（2）灭火器颠倒后，没有泡沫喷出，应将筒身平放地上，疏通喷嘴，切不可旋开筒盖，以免筒盖飞出伤人。

（3）容器内部的易燃液体着火，不要将泡沫直接喷向液面上，应将泡沫喷到容器壁上，使其平稳地覆盖在液面上，以减少液面搅动，同时能形成泡沫层，此时也可用水冷却容器的外壁周围。

第二节　常用现场急救技术

现场急救是指在救护车到达现场之前，或得到医务人员救援之前，现场一般人员给予伤病员的治疗和救助。其目的一是维持、抢救伤病员的生命；二是改善病情，减轻病员痛苦；三是尽可能防止并发症和后遗症。

常用现场急救方法包括心肺复苏、止血、包扎、伤员搬运等。

一、心肺复苏

心肺复苏（CPR）是指心跳呼吸骤停后，现场进行的紧急人工呼吸和心脏胸外按压（也称人工循环）技术。通常，心肺复苏包括 3 个步骤。

（一）判断神志，畅通呼吸道

1. 判断病人的神志；

2. 将患者置于仰卧位；

3. 畅通呼吸道。

（二）判断呼吸和人工呼吸

在气道通畅的前提下判断病人有无呼吸，可通过看、听和感觉来判断呼吸。如果病人的胸廓没有起伏，将耳朵伏在病人鼻孔前既听不到呼吸声也感觉不到气体流出，可判定伤员呼吸停止，应立即进行口对口或口对鼻人工呼吸。

1. 人工呼吸的要点。以口对口人工呼吸为例进行介绍，其操作步骤如图 5 - 1 所示：

a　头后仰，捏紧鼻孔　　　　　b　口对口人工呼吸法

　　c　放开鼻孔，观察病人呼吸　　　　d　捏紧鼻孔，再次吹气

图 5 - 1　口对口人工呼吸法

（1）保持病人头后仰、呼吸道畅通和口部张开。

（2）抢救者跪伏在病人的一侧，用一只手的掌跟部轻按病人前额，同时用拇指和食指捏闭病人的鼻孔（捏紧鼻翼下端）。

（3）抢救者深吸一口气后，张开口紧紧包贴病人的口部，使口鼻均不漏气。

（4）用力快速向病人口内吹气，使病人胸部上抬。

（5）一次吹气量约为 800 ~ 1200ml。

（6）一次吹气完毕后，口应立即与病人口部脱离，同时将捏鼻翼的手松开，掌跟部仍按压病人前额部，以便病人呼气时可同时从口和鼻孔出气，确保呼吸道畅通。抢救者轻轻抬起头，观察病人胸部，此时病人胸廓应向下塌陷。抢救者再吸入新鲜空气，做下一次吹气准备。

　　2. 口对口人工呼吸注意事项

（1）吹气时，如果感觉气道阻力较大并且伤员胸部不上抬，要考虑气道是否被堵塞。若气道有异物堵塞，再加大吹气量有可能使异物落入深部，此时要及时清除呼吸道的异物。

（2）成人正常吸气量为 400 ~ 600mL，较深吸一口气可达到 800 ~ 1200mL。吹气量小于 800mL 则不能满足病人供氧，因为空气中氧浓度约 21%，在抢救者肺部经气体混合和交换后呼出气的氧浓度约为 16% 左右，故吹气量要大于成人正常吸气量。但吹气量也不宜过大，如果大于 1200mL，容易造成胃扩张及胃反流，甚至"误吸"。

（3）如同时有心脏按压，吹气时应暂停胸部按压。

（4）如伤员有脉搏、无呼吸，开始时可每 4 秒吹气一口（15 次/分钟左右），1 分钟后可减少为每 5 秒吹气一口（12 次/分钟左右）。

（5）单人或双人进行心肺复苏时，人工吹气和心脏按压的次数、比例及配合可参见相关资料。

（6）如果病人口腔严重创伤或病人牙关紧闭不能张口，可改用口对鼻人工呼吸。其方法是吹气时紧闭口腔，口对双侧鼻孔吹气，待患者呼气时，关闭口腔的手抬起以利通气，如图 5 - 2 所示。

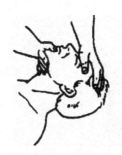

　a　头后仰，关闭口腔　　　　b　口对鼻吹气

图5-2　口对鼻人工呼吸法

（三）人工循环

人工循环是指用人工的方法使血液在血管内流动，使人工呼吸后含氧的血液从肺部血管流向心脏，再注入动脉，供给全身重要脏器来维持其功能，尤其是脑功能。

1. 判断有无脉搏。在进行人工循环之前，必须确定病人有无脉搏，且人工循环需在伤员呼吸道畅通的前提下进行。

（1）一只手置于病人前额，使得头部保持后仰，另一手触摸病人靠近抢救者一侧的颈动脉；用食指及中指指尖先触到喉部，男性可先触及喉结，然后向外滑移2~3厘米，在气管旁软组织深部轻轻触摸颈动脉（见图5-3）；检查时间一般不超过5~10s，以免延误抢救。

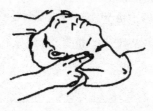

　a　中指、食指置于颈前甲状软骨外侧　　　b　手指向颈动脉沟滑动

图5-3　判断有无脉搏

（2）该操作应注意触摸颈动脉不能用力过大，以免压迫颈动脉影响头部供血（如有心跳者），或将颈动脉推开影响感知，或压迫气道影响通气；更不要同时触摸双侧颈动脉，以免造成伤者头部血流中断。同时应避免两种错误，一是病人本来有脉搏，因判断位置不准确或感知有误，结果判断病人无脉搏；二是病人本来无脉搏，而检查者将自己手指的脉搏误认为病人的脉搏。

（3）判断颈动脉搏动时要综合判断，结合意识、呼吸、瞳孔、面色等。如无意识、面色苍白或绀紫，再加上触摸不到颈动脉搏动，即可判定心跳停止。

2. 胸外心脏按压的步骤和技术

（1）按压部位（定位）。病人处于仰卧位，双手置于身体两侧，抢救者位于病人一侧。食指和中指并拢，沿病人肋弓下缘上滑至两侧肋弓交叉处的切迹，如图5-4a所示。以切迹为标志，然后将食指和中指横放在胸骨下切迹的上方，另一只手的掌根紧贴食指上方，按压在胸骨上，如图5－4b所示。

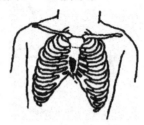

a　心脏按压部位在胸骨下1/3处

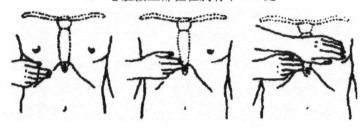

b　心脏按压时手位的确定

图5－4　胸外心脏按压时手的位置

（2）按压手势。按压在胸骨上的手不动，将定位的手抬起，用掌根重叠放在另一只手的掌背上，手指交叉扣抓住下面的手掌，翘起离开胸壁。下面手的手指伸直，这样只使掌根紧压在胸骨上。

（3）按压姿势。抢救者双臂伸直，肘关节固定不能弯曲，双肩部位于病人胸部正上方，垂直下压病人胸骨，如图5－5所示。按压时，肘部弯曲或两手掌交叉放置均是错误的，如图5－6和图5－7所示。

图5－5　抢救者双臂绷直

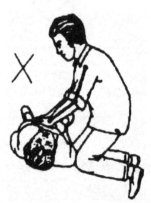

图5－6　肘部弯曲

图5-7 两手掌交叉放置

（4）按压用力及方式。按压应平稳有规律地进行，应注意以下几点：

① 成人应使得胸骨下陷4~5厘米，用力太大易造成肋骨骨折，用力太小则达不到有效作用。

② 垂直下压，不能左右摇摆。

③ 不能冲击式猛压。

④ 下压时间应与向上放松时间相等（即1：1）。

⑤下压至最低点时应有一明显停顿。

⑥ 放松时手掌根部不要离开胸骨按压区皮肤，但应尽量放松，如图5-8所示。

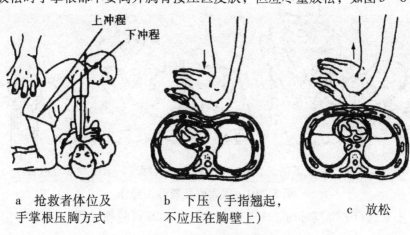

a 抢救者体位及　　　b 下压（手指翘起，
手掌根压胸方式　　　 不应压在胸壁上）　　 c 放松

图5-8 胸外心脏按压

（5）按压频率。成人为80~100次/分钟。频率过快，心脏舒张时间过短，得不到较好的充盈；过慢，不能满足脑细胞需氧量，因为最有效的心脏按压也只有心脏自主搏动搏血量的1/3左右。

（6）按压效果判断。两人以上抢救时，一人按压心脏，如果有效，另外一人应能触到较大动脉（如颈动脉或股动脉）的搏动。

3. 胸外心脏按压与人工呼吸的配合。如病人只有心跳而呼吸停止，只需做人工呼吸。如病人呼吸和心跳都已停止，胸外心脏按压与人工呼吸的比例关系如下：

（1）单人进行心肺复苏时，胸外心脏按压次数与人工呼吸次数的比例是30：2，即连续进行30次胸外心脏按压，再进行2次人工吹气，如此反复进行，直至病人呼吸与心跳恢复，如图5-9所示。

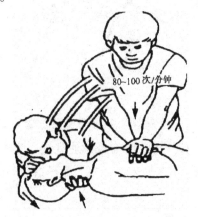

图5-9　单人心脏按压与人工呼吸的配合

（2）双人进行心肺复苏时，胸外心脏按压次数与人工呼吸次数之比为5：1，即一人连续进行5次胸外心脏按压，另一人口对口或口对鼻吹气1次，如此反复进行，直至病人呼吸与心跳恢复，如图5-10所示。

a　双人心肺复苏的操作　　　b　病人头低脚高，采用简易呼吸器

图5-10　双人心肺复苏的操作

（3）多人进行心肺复苏时，人工呼吸和人工循环可轮换进行，但轮换时间不得超过5s。

二、止血

出血是各种外伤的常见症状，当失血量达到人体血液总量的20%以上时，就会出现明显的休克症状；若失血量达到40%，就可能有生命危险。因此，采取积极有效的止血措施，对于防止失血性休克的发生，减少严重创伤时的死亡率有着十分重要的意义。

（一）出血的种类

1. 按出血的部位，分为外出血和内出血。

（1）外出血：血液经伤口流出体外。

（2）内出血：各种内脏或深部组织出血，血液流向脏器、体腔或组织内，也可经消化道、尿道、呼吸道等排出体外，而外表看不到出血。如血胸、血腹等。

2. 按破裂的血管类型，分为动脉出血、静脉出血和毛细血管出血。

（1）动脉出血：血色鲜红，出血速度快，可呈喷射状。若近心端的较大动脉破裂出血，可在短时间内造成大量出血而危及生命。

（2）静脉出血：血色暗红，出血呈缓慢流出。若破裂血管较大也可造成大量出血。

（3）毛细血管出血：血色较鲜红，血液自创面渗出或出血呈点状，出血量较少，一般可自愈。

（二）出血的临床表现

1. 局部表现。外出血局部表现较明显，内出血则容易被忽视。内出血一般有外伤史，有时可出现一些特有症状和体征，如腹腔脏器出血会有腹痛、腹部移动性浊音等。

2. 全身表现。与出血量和出血速度有关。出血较多一般会出现头晕、乏力、烦躁、面色苍白等，较短时间内大量出血可能造成出血性休克，表现为神志萎靡、皮肤苍白、肢体冰冷、脉搏细弱、尿量减少、血压进行性下降等，严重者可造成死亡。

（三）止血方法

1. 指压止血法。适用于血管位置较浅的头、面、颈部及四肢的外出血。用手指、手掌或拳头把出血血管的近心端用力压向骨骼，以暂时阻断血流。

（1）额部出血。用拇指对准下颌关节压迫颞浅动脉，如图5-11所示。

图5-11　额部出血指压止血法

（2）面部出血。用拇指在下颌角前处压迫面动脉，如图 5 - 12 所示。

图 5 - 12　面部出血指压止血法

（3）肩部、腋部、上臂出血。在锁骨上窝中部、胸锁乳突肌外缘把锁骨下动脉压向第一肋骨，如图 5 - 13 所示。

图 5 - 13　锁骨下动脉指压止血法

（4）前臂出血。在上臂中段内侧，用拇指向肱骨压迫肱动脉，如图 5 - 14 所示。

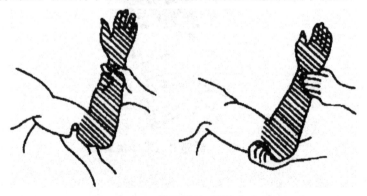

图 5 - 14　前臂出血指压止血法

（5）手部出血。两手的拇指、食指分别压迫伤侧手腕两侧的桡、尺动脉，如图 4 - 15 所示。

图 5 - 15　手部出血指压止血法

（6）大腿出血。双手拇指在伤侧腹股沟中点稍下方用力压迫股动脉，如图 5 - 16 所示。

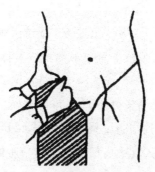

图 5 - 16　大腿出血指压止血法

（7）足部出血。用双手拇指在踝关节下方压迫足背动脉，如图 5 - 17 所示。

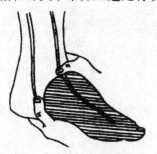

图 5 - 17　足部出血指压止血法

2．加压包扎止血法。适用于渗血或较小的静脉出血。用无菌辅料覆盖于伤口，再用绷带或布巾适当缠紧，加压包扎，松紧度以能止血为准。紧急情况下，也可用干净的毛布条进行包扎。

3．填塞止血法。适用于伤口较深的出血。用无菌纱布条、棉垫等填入伤口内，再用绷带、三角巾等包扎。

4．止血带止血法。适用于四肢大出血。常用的止血带有橡皮管、布带等。

（1）缚扎止血带的方法

① 乳胶管止血带止血法。先在上止血带的部位用布垫、毛巾或伤员的衣服平整垫好，然后用左手拇指、食指及中指夹持乳胶管止血带的一端，另一手拉紧乳胶管（适当拉长），环绕肢体缠扎两圈，止血带的末端放入左手食指与中指之间夹住，并拉出固定，如图 5 - 18 所示。此法作用可靠，使用方便，但易过紧或松脱。

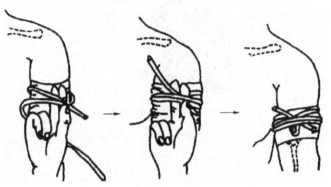

图 5 - 18   乳胶管止血带止血法

② 布制止血带止血法。用帆布止血带平整缠绕肢体，一端套入夹中拉紧固定，即能起到止血效果。

③ 就地取材止血法。在现场条件下没有止血带时，可就地取材，如绷带、手帕、布条等物，折叠呈条带状，在伤口近心端用衬垫垫好并缠绕，适当用力勒紧至伤口无出血，然后打结并用小木棒插入其中，绞紧后固定于肢体上，如图 5 - 19 所示。

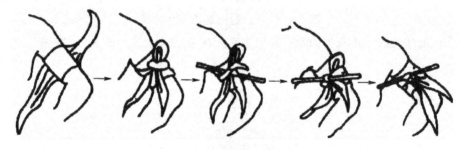

图 5 - 19   就地取材止血法

（2）运用止血带止血法时的注意事项

① 绑扎位置要合适。绑扎部位应在伤口的近心端，并且尽量靠近伤口，尽可能减少组织缺血的范围。但应注意上臂不应缚扎在中下处，以免损伤桡神经。前臂和小腿不适宜用止血带，因有两根长骨的影响而导致止血效果不好。

② 止血带不宜直接缚扎在皮肤上。缚扎时应先垫好衬垫或衣服以保护皮肤。切勿用绳索、电线等代替止血带缚扎。

③ 止血带的压力要适当。过松只能阻断静脉而难以阻断动脉，达不到止血的目的；过紧则会勒伤皮肤和神经。松紧度应以刚好能止血为准。

④ 应注明上止血带的时间。在醒目位置（如上衣领口等处）加以显著标志（如红

色布条），注明伤情及缚扎止血带的时间和部位，并优先转送。

⑤ 使用止血带的时间要尽量缩短。一般不超过 1 小时，若必须延长使用时间，则应每隔 1 小时放松 1~2 分钟，然后再在稍高平面上缚扎止血带，以防肢体因长时间缺血而发生坏死。最长使用止血带时间不超过 4 小时。

5. 结扎止血法。直接结扎出血血管断端以阻断血流的方法。适用于能清楚看到出血血管断端的小血管出血。

三、创伤包扎

伤口包扎的目的是保护伤口，减少污染和再损伤；加压止血；预防或减轻肿胀；固定等。

1. 物品准备

包扎一般使用卷轴绷带、三角巾、多头带等。紧急情况下，干净的毛巾、衣服、被单等均可使用。

2. 包扎方法

（1）卷轴绷带包扎法

①环形包扎法。绷带做环形重叠缠绕，每一圈重叠盖住前一圈。前一圈可以稍倾斜缠绕，第二、第三圈做环形缠绕，并把第一圈斜出圈外的绷带角折到圈里，然后再重叠缠绕压住，这样就不容易脱落，如图 5 – 20 所示。此法常用于颈、腕等部位及各种包扎的起始和终了。

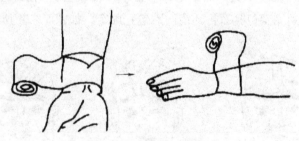

图 5 – 20　环形包扎法

②螺旋包扎法。先做几圈环形包扎，再将绷带做螺旋形上升缠绕，每一圈重叠压住前一圈 1/3 ~ 1/2，如图 5 – 21 所示。此法常用于手腕、上臂等处。

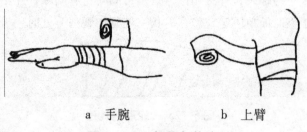

a　手腕　　　　　　b　上臂

图 5 – 21　螺旋包扎法

③螺旋反折包扎法。先做环形缠绕固定绷带起始部，然后成螺旋形缠绕上升，但每一圈螺旋包扎都必须反折。反折时以左手拇指按住反折处，右手将绷带反折向下缠绕肢体、拉紧，并盖住前一圈的 1/3～1/2。此法适用于小腿或前臂等粗细不等的部位，如图 5 - 22 所示。

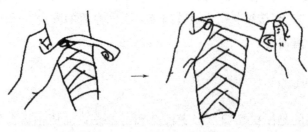

图 5 - 22　螺旋反折包扎法

④ "8" 字形包扎法。包扎时一圈向上，一圈向下，每一圈在前面与上一圈相交，并重叠上一圈的 1/3～1/2，重复做 "8" 字形旋转缠绕，如图 5 - 23 所示。此法适用于大关节如肘、膝、肩、髋等处。

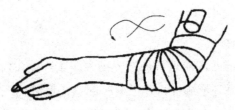

图 5 - 23　"8" 字形包扎法

⑤回反包扎法。先做环绕两圈固定，再自中央开始反折向后，再回反向前，以后左右来回反折，直到完全包扎后再环绕两圈包扎固定，如图 5 - 24 所示。

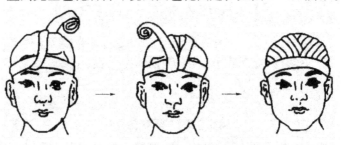

图 5 - 24　回反包扎法

⑥蛇形包扎法。与螺旋包扎法相似，只是每圈间留有间隙，互不重叠，如图 5 - 25 所示。此法适用于临时简单固定或包扎需从一处延伸到另一处时。

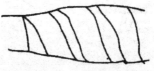

图 5 - 25　蛇形包扎法

（2）三角巾包扎法。三角巾制作方便，包扎操作简单易学，容易掌握，适用范围广。缺点是不便于加压，也不够牢固。用一块边长 90 厘米的正方形白布对角剪开就可制成两条三角巾，它的底边长约 130 厘米，顶角到底边重点的长度约 65 厘米，如图 5 - 26 所示。

图 5 - 26　三角巾的制作

常用的三角巾包扎法有：

①头顶部包扎法。把三角巾的底边折叠约 3 厘米，正中部放在前额齐眉以上，顶角拉向头后，两底角经两耳上方向后拉于枕部交叉并压住顶角后再绕到前额打结固定，如图 5 - 27 所示。

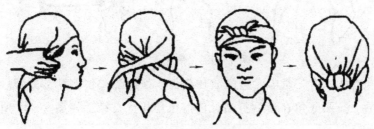

图 5 - 27　头顶部包扎法

②风帽式包扎法。在三角巾顶角和底边中央各打一结，把顶角结放于额前，底边结放在后脑勺下方，包住头部，两底角向面部拉紧，向外反折包绕下颌，然后拉到枕后打结固定，如图 5 - 28 所示。

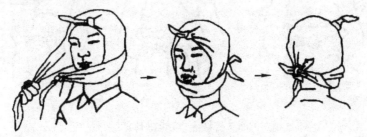

图 5 - 28　风帽式包扎法

③面具式包扎法。在三角巾顶角打一结套住下颌，拉底边向上、向后，罩住头面部，然后把两底角上提拉紧并交叉压住底边，再绕到前额打结。包好后在眼、鼻、口等处分别小心地剪洞开窗，如图 5 - 29 所示。

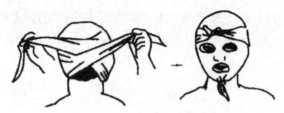

图 5-29　面具式包扎法

④肩部包扎法。把三角巾折叠成燕尾形，燕尾夹角向上放在伤侧肩上正中。向后的燕尾角压住向前的燕尾角，并稍大于向前的一角。燕尾底边两角包绕上臂上 1/3 处在腋前或腋后打结，然后拉紧两燕尾角，分别包绕胸背，在对侧腋下处打结，如图 5-30 所示。

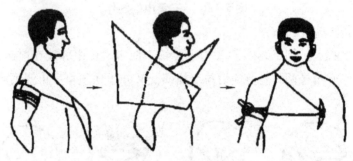

图 5-30　肩部包扎法

⑤胸部包扎法。将三角巾底边横放在胸部，顶角绕过伤侧肩部到背后，底边包住胸部绕到背后，拉两底角在背后打结，再与顶角相连打结，如图 5-31 所示。背部包扎则与胸部相反。

图 5-31　胸部包扎法

⑥臀部包扎法。把燕尾角底边包绕伤侧大腿打结，两燕尾角分别绕过腰腹部到对侧打结。后角要压住前角，并大于前角，如图 5-32 所示。

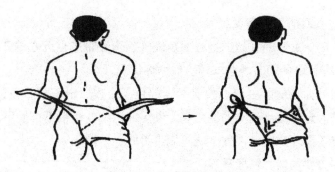

图5-32 臀部包扎法

⑦四肢带式包扎法。将三角巾折叠成适宜宽度的条带状，带的中部斜放于受伤部位，把带两端分别压住上、下两边，包绕肢体一周后打结，如图5-33所示。

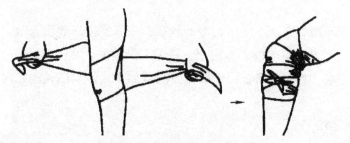

图5-33 四肢带式包扎法

⑧手（足）包扎法。手（足）心向下放在三角巾上，手（足）指（趾）朝向三角巾顶角，顶角折回放在手（足）上，两底角拉向手（足）背，左右交叉压住顶角绕手腕（脚踝）一周后打结，如图5-34所示。

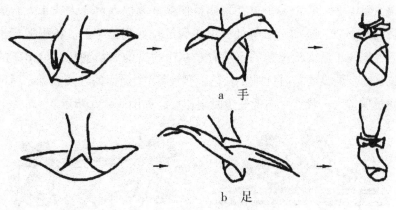

a 手

b 足

图5-34 手（足）包扎法

（3）就地取材包扎法。在现场急救的紧急情况下，也可就地取材，利用干净的毛巾、衣服、被单等物品进行包扎。

3. 包扎时的注意事项

（1）进行包扎时，特别是对于伤情严重者，应密切观察伤者生命体征的变化。

（2）让伤者取舒适的坐位或卧位，扶托患肢，并尽量使肢体保持功能位。

（3）绷带包扎时的注意事项

①包扎四肢应从远心端开始向近心端缠绕（石膏绷带应自近心端开始）。四肢末端（指、趾）要暴露，以便随时观察末梢血液循环情况。

②皮肤皱褶处如指缝、腋窝、腹股沟等部位，应先涂滑石粉，再以棉垫间隔。骨隆处用衬垫保护。选择宽度适宜的绷带卷，潮湿或污染的绷带不可使用。

③起点和终了要环绕固定两圈，防止绷带滑脱、松散。

④包扎时用力要均匀，松紧适度。

⑤掌握好"三点一走行"，即绷带的起点、止点、着力点和走行方向顺序。

四、伤员搬运

伤员和急危重患者在现场经过初步处理后，就需要把伤病员及时送到医疗技术条件较完善的医院做进一步的检查和治疗。转送工作做得及时、准确，可使伤病员及早获得正规治疗，减少伤病员痛苦；否则会使病情加重，甚至贻误治疗时机，造成致残或死亡。

1. 常用搬运法

（1）担架搬运法。担架是最常用的转送伤病员的工具，其结构简单、轻便耐用，无论是短距离转运还是长途转送，都是一种极为常用的转运工具。

①担架种类。包括帆布担架、绳索担架、被服担架、板式担架、铲式担架、四轮担架等。

②担架搬运方法。将担架平放在伤病员伤侧，救护人员3人或4人合成一组，平托起伤病员的头、肩、腰和下肢等处，将伤病员轻移到担架上。抬担架行进时，伤病员头部向后，以便于后面抬担架的人随时观察伤病员的病情变化。抬担架的人脚步行动要一致、平稳，向高处抬时（如上台阶、爬坡等），前面的人要放低，后面的人要抬高，使伤病员保持水平状态；向低处走时则相反，如图5-35所示。

a 上担架　　　　　　　b 上坡

c　平地　　　　　　　　　　　　d　下坡

图 5-35　担架搬运法

（2）徒手搬运法。当现场找不到搬运工具，而转运路程又较近，伤者病情较轻时，可以采用徒手搬运法。常用的徒手搬运法有单人搬运法、双人搬运法等。

①单人徒手搬运法。常用方法有背负法、扶持法、抱持法等，如图 5-36 所示。

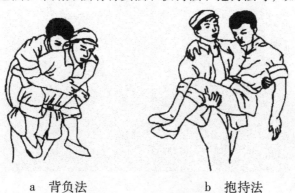

a　背负法　　　　　　　　　　b　抱持法

图 5-36　单人徒手搬运法

②双人徒手搬运法。常用方法有坐椅法、平托法、拉车法等，如图 5-37 所示。

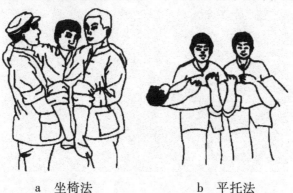

a　坐椅法　　　　　　　　　　b　平托法

图 5-37　双人徒手搬运法

2. 搬运时的注意事项

（1）转送前要先进行初步急救处理，待伤员病情稳定后再搬运。

（2）搬运过程中，动作要敏捷、轻巧、平稳，尽量避免振动，减少伤病员痛苦。

（3）转送过程中，要密切注意伤员病情变化，一旦情况恶化，立即停下急救。

（4）搬运脊柱损伤伤员时，应用硬板担架转送，并保持伤处绝对稳定。

（5）转运输液伤者，要注意妥善固定，防止滑脱，保持输液通畅，并注意调节输液速度。

（6）注意加强对伤病员的保护，如保暖、遮阳、避风、挡雨等。

第六章 典型事故案例分析

案例一 青海英东油田 "4·19" 井喷事故分析

2013年4月19日7时15分，西部钻探工程有限公司（以下简称西部钻探）青海钻井公司40520钻井队在处置青海油田分公司英东油田英9－4－A5井井漏过程中，发生井喷事故，4月19日20时05分关井成功，险情得到控制，历时12小时50分钟。事故未造成人员伤亡和设备损毁。

一、基本情况

（一）青海油田分公司英东油田开发基本情况

英东油田位于柴达木盆地西部英雄岭构造带东段，花土沟镇东南36公里处。2010年6月18日首钻砂37井，在9个层组获得高产工业油气流，从而发现了英东油田。英东油田上盘砂37区块，2011年控制叠合含油面积9.5平方公里，控制石油地质储量10818万吨，控制天然气地质储量122.08亿方，具有埋藏浅、储层物性好、含油气层段长（340～2400米）、油层厚度大、储量丰度高、单井油气产量高的特点。

2012年开展试采工作以来，投产试采井24口，单井平均日产油6.9吨，投产注水井5口，单井平均日注水33方。

按照开发框架方案，2013年预计共钻新井225口，其中油井158口，注水井67口，新建产能30万吨。当前该地区动用钻机19部，其中西部钻探12部、长城钻探6部、川庆钻探1部。截至5月9日，全区已完钻各类井122口，目前正常生产井30口，井口日产油300吨，日产气62738方。其中2013年开钻90口，完钻79口。

（二）英9－4平台基本情况

英9－4平台为注水平台，位于英东一号构造A断块较高部位，设计共钻注水井6口（该断块按照6套层系开发）。该地区预计油气比50～300m³/t，有可能超过300m³/t，地层倾角6～8°。目前在该平台已完钻两口井，分别为英东107和英9－4－A6井。

英东 107 井为评价井，2011 年 10 月 7 日完钻，共钻遇油层 95 层 250.4 米，油层分布于 370.3 米至 1601.4 米之间。2012 年 6 月 24 日投产试采 1387.0～1390.3 米层段（A 断块 4 层系），初期日产油 6.5 吨，日产气 521 方，含水 5%，目前关井。英 9 - 4 - A6 井为 6 层系注水井，2013 年 4 月 2 日完钻，完钻井深 1845 米，测井从 345.5～1815.9 米解释油层、差油层、油气层共 264 层。

英 9 - 4 - A5 井为该平台的第三口井，为 5 层系注水井，直井，设计井深 1620 米，地层压力系数为 0.81～1.12，设计井身结构为一开：$\Phi311\text{mm}\times244.5\text{mm}\times350\text{m}$，二开：$\Phi216\text{mm}\times139.7\text{mm}\times1620\text{m}$。设计钻井液密度为一开：1.05～1.10 g/cm^3，二开：1.05～1.22 g/cm^3。目的层为 N_2^2（上油砂山组）～N_2^1（下油砂山组），完钻层位 N_2^1。预计主力油气层井段 926～1620 米。

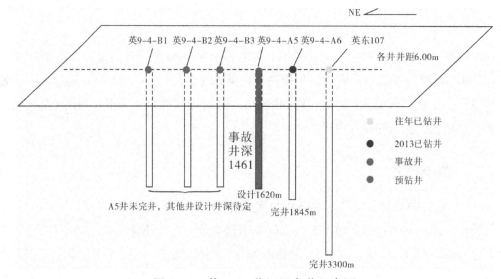

图 6 - 1　英 9 - 4 井组平台井示意图

（三）事故相关单位基本情况

1. 英东油田勘探开发一体化建设项目部基本情况

英东油田勘探开发一体化建设项目部（以下简称英东一体化项目部）是按照中国石油天然气股份有限公司中油人事〔2011〕242 号批复文件批准成立，为建设英东百万吨油田而设立的专门机构，具体负责英东油田的勘探、评价、产能建设部署和生产运行等工作。项目部于 2012 年 1 月正式成立，共有员工 125 人，行政负责人为石××。

2. 设计单位基本情况

地质设计单位为青海油田分公司英东一体化项目部，设计审批单位为青海油田分公司开发处。

工程设计单位为青海油田分公司钻采工艺研究院（甲级资质），审批单位为青海油田分公司工程技术处。

本井地质设计编写人徐××（英东一体化项目部工程师，在英东油田主持和参与过 110 口井的设计工作），由青海油田分公司开发处负责人批准。

本井钻井工程设计编写人赵××（钻采工艺研究院设计科高级工程师，主持和参与过 480 多口井的设计工作），由青海油田分公司工程技术处负责人批准。

以上人员均持有有效井控培训合格证。

3. 青海钻井公司基本情况

青海钻井公司为西部钻探所属处级单位，主要从事石油钻井、固井和钻井液等工程技术服务。公司现有员工 2845 人，其中合同化员工 1322 人；现有钻井队 27 支，钻机 27 部，钻机新度系数 0.26。2012 年共开钻 266 口，完井 255 口，完成钻井进尺 51.34 万米。

4. 青海钻井公司英东项目组基本情况

根据青海油田英东区块勘探开发需要，为就近指挥，提高效率，青海钻井公司于 2013 年 2 月 17 日批准成立英东项目组，主要职责：与青海油田英东一体化项目部协调沟通，负责英东地区施工井队日常技术管理及井控安全管理，协调保障英东地区施工井队的生产及驻地生活服务。

青海钻井公司英东项目组负责人秦××（钻井工程技术服务公司副经理），由青海钻井公司派驻。

项目组人员 6 人：钻井工程高级工程师、钻井液高级工程师、钻井液助理工程师、安全科（井控办公室）驻现场工程师、固井工程技术公司派驻现场技术负责人、生活服务公司派驻后勤负责人各 1 名。

5. 40520 钻井队基本情况

40520 钻井队隶属于西部钻探青海钻井公司，具有集团公司钻井工程服务乙级资质，现有员工 43 人（12 人为合同化员工），22 人持有井控证、12 人持有司钻操作证，持证率符合相关规定。井队干部构成：队长 1 名、书记 1 名、技术员 2 名。该队配套有 ZJ40L（1999 年出厂）钻机，额定载荷 2250KN，钻台高度 6 米。主要装备如下表：

序号	名称	型号	数量
1	钻机（1999 年出厂）	ZJ40L	1
2	泥浆泵	F－1300	2
3	泥浆罐	40m³	6
4	柴油机	G12V190PZL－3	3
5	防喷器	2FZ35－35	1
6	远程控制台	FK0640－7	1
7	节流压井管汇	JYG－35	2

6. 监督监理公司基本情况

（1）青海油田监督监理公司基本情况

青海油田监督监理公司现有员工 161 人，分地面和井下两部分，其中井下部分为石油工程技术监督分公司，共 137 人（其中外聘人员 109 人），负责物探、钻井、地质、试油和井下等五个专业的监督工作。

英 9－4－A5 井钻井巡井监督李××，大专学历，工程师，1980 年参加工作，曾在塔里木、吐哈和长庆等油田等担任过钻井监督；事故发生时负责英 9－4－A5 井和英 11－4－B4 井两口井的钻井监督工作，持有股份公司勘探与生产监督中心颁发的监督证，证号 0471。李××属北京鑫科华源公司人员，由青海油田监督监理公司于 2013 年 4 月 8 日聘任为钻井监督，4 月 10 日进驻现场对英 9－4－A5 井实施监督工作。

（2）青海钻井公司监督监理公司基本情况

青海钻井公司监督监理公司共有员工 49 人，其中管理人员 4 人，一级监督 3 人，二级监督 7 人，三级监督 29 人，见习监督 3 人，综合岗 3 人。

监督监理公司实行 HSE 监督单井派驻制，英 9－4－A5 井驻井 HSE 监督王××，三级监督，初中文化，1987 年参加工作，曾任井队副队长、书记，在本岗位工作两年。

二、事故经过

（一）事故发生前工作情况

英 9－4－A5 井是西部钻探青海钻井公司 40520 队承钻的一口总包井，是该队今年承钻的第三口井。青海钻井公司英东项目组负责本区块钻井现场的协调管理。青海钻井公司监督监理公司派驻 1 名驻井 HSE 监督，青海油田监督监理公司派有 1 名巡井钻井监督。英东一体化项目部在油田现场驻有工作组。

该井于 4 月 11 日 4 时一开，4 月 12 日 22 时钻至井深 355 米，下入表层。一开至二开共用时 79 小时。其中，处理井漏 2 次，用时 22 小时，在 14.86 米处井漏失返，注水泥堵漏；在 326 米处发生井漏，用桥浆堵漏。钻进用时 20 小时，下套管（Φ244.5mm×354.06m）、固井、装井口和试压用时 37 小时。一开钻具组合如下：

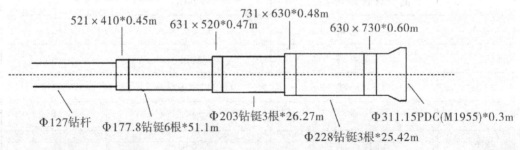

图 6－2　英 9－4－A5 井一开钻具组合示意图

4 月 14 日 11 时二开，采用带螺杆的复合钻具，Φ216mm 钻头钻至井深 360 米发生井漏失返，钻井液密度1.06 g/cm³，粘度42s，漏失量为80m³，替入密度1.06 g/cm³堵漏浆40m³堵漏成功。钻至404.5米时再次发生漏失，抢钻至井深452.19米采用水泥浆封堵2次，恢复正常。4月19日0时，钻至井深1450米时发生井漏，漏速3m³/h；至1时20分继续钻进至1461米时井口失返，停钻，漏失钻井液50m³（密度1.14g/cm³，粘度42s）。二开钻具组合如下：

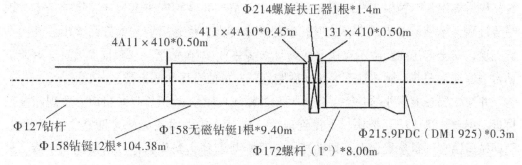

图6-3 英9-4-A5井二开钻具组合示意图

该井于2013年4月11日由青海钻井公司安全科牵头组织一开验收。同日，青海油田英东一体化项目部也委托油田监督监理公司组织地质监督、钻井监督和钻井液监督进行开钻验收。4月14日，青海钻井公司安全科与青海油田监督监理公司分别进行了二开和钻开油气层验收。

事故当班班组为钻井二班，4月18日21时至19日9时是该班轮休结束后上的第一个班。当班在岗员工共8人，司钻郑××、副司钻李××、井架工张××、内钳工吴××、外钳工哈××、泥浆工兼记录工（坐岗人员）宗××、柴油机工肖××、发电工李×。另有值班干部宣××（工程技术员），在井场共计9人。

（二）事故发生经过

第一阶段：无观察、无预防情况下发生溢流井喷

4月19日1时20分，钻进至1461米时井口失返，停钻，值班干部宣××（技术员）到距井场100多米外的驻井场值班房向队长张××汇报。队长张××电话请示青海钻井公司英东项目组负责人秦××。秦决定：起钻换钻具，进行挤水泥堵漏。

钻井队在起钻前配密度1.12～1.14g/cm³的堵漏浆30m³，从环空灌入堵漏浆18m³，环空未见液面。1时50分开始起钻，起钻过程中每起三柱钻杆或每起一柱钻铤，用钻井泵灌浆一次，共灌入钻井液5.91m³。此时，技术员宣××在钻台，司钻郑××在操作刹把，副司钻李××和内钳工吴××在井口，井架工张××和外钳工哈××轮换在二层台操作，起到钻铤时，两人同时到二层台拉钻铤，泥浆工宗××在循环罐坐岗。

7时15分，起钻至井内剩余最后一柱钻铤时，司钻郑××下放游车，钻台上副司钻李××和内钳工吴××接钻铤提升短节，司钻郑××下放游车至钻台5～6米处刹停等提升短节紧扣。副司钻李××和内钳工吴××用液压大钳上扣时，发现钳牙打滑，

用高速旋紧扣后，副司钻李××和内钳工吴××更换钳牙，技术员宣××协助。司钻郑××继续下放游车准备挂吊卡，这时从提升短节内溢出泥浆，接着立即从环空喷出一股泥浆，高2~3米；接连又喷出泥浆，喷高接近二层台，发生井喷。前期喷出物是泥浆，逐渐转变为油气混合物。

井喷发生时，环空喷出泥浆经井口安全卡瓦折射打到司钻郑××身上，司钻郑××站稳后发出长鸣警报，继续下放游车，副司钻李××和内钳工吴××抢挂吊卡，因喷势过猛，抢挂吊卡未成功。这时，喷势越来越大，将井口一片大方瓦喷出，井内钻铤上顶，安全卡瓦挂在游车盖板上（钻具未落井）。副司钻李××和技术员宣××跑下钻台去远控台关井，副司钻李××随后跑到驻井场值班房向队长张××汇报。

井架二层台上作业的井架工张××和外钳工哈××听到长鸣警报后，发现喷高已接近二层台，迅速从井架扶梯下撤到地面。钻台上的内钳工吴××见抢挂吊卡无望，随即撤离钻台到紧急集合点。司钻郑××见喷势渐猛，刹住刹把并用铁链固定后，最后一个撤离钻台到集合点。

司钻郑××在撤离前冷静处置，固定刹把，防止了游车落到钻台上，避免了事故复杂化。

发生井喷时，井内剩余钻具组合为：Φ215.9mmPDC + Φ172mm ×1°螺杆 + Φ214mm 螺扶 + Φ158.8mm 无磁钻铤 1 根 + Φ158.8mm 钻铤 1 根（共长 27.55 米），钻具结构见下图：

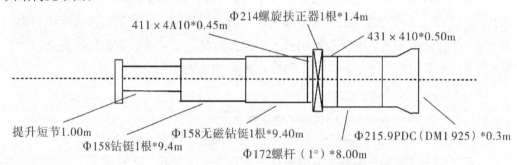

图6-4 英9-4-A5井井喷时井口剩余钻具组合示意图

井喷时在岗人员所处位置及撤离路线示意图如下：

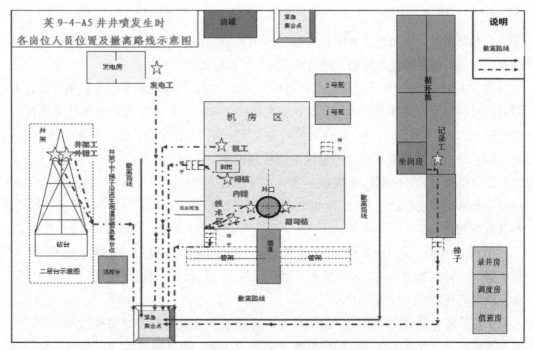

图6-5 井喷时在岗人员所处位置及撤离路线示意图

第二阶段：有效防控下的井喷

4月19日7时30分，清点现场人员无伤亡，布置警戒线。

10时15分至11时48分，组织救护车、吊车、消防车、水罐车、固井车和拖拉机等应急车辆到井，组织将井场外围的房子和驻井场值班房搬走。

至12时40分，抢接压井管线，通过压井管线向井内注入清水，实施井口降温、防爆燃措施，防止事故扩大和发生次生事故。

17时10分至20时05分，消防车向井口喷水掩护，同时固井车通过压井管汇向井内打水，用拖拉机拖拉绞车快绳起出井内钻具，当钻头提离全封闸板端面时，立即关闭全封闸板防喷器，井口得到有效控制。

第三阶段：压井处置

4月20日1时35分，开始平推法压井作业，至4时45分，分8次共向井内注入密度1.80 g/cm³的重钻井液56m³，注压4~5 MPa；套压由4MPa降至2.8 MPa后维持不变，判断表层套管鞋处井漏。

20日9时至21日15时，向井内注入1.25~1.30 g/cm³堵漏钻井液51m³，套压由2.2 MPa降至1.5MPa。堵漏不成功。

21日15时40分至16时30分，向井内注入水泥浆22m³，密度1.86g/cm³，替入密度1.25~1.30g/cm³钻井液10m³，预计在250~450米形成水泥塞。

22日7时05分，从节流管汇处泄压，无任何溢出物，套压为零，险情解除，井喷应急抢险工作结束。

（三）应急响应情况

井喷发生后，队长张××向青海钻井公司汇报险情，青海钻井公司立即启动应急预案，相关人员立即赶赴现场，并向西部钻探、青海油田分公司汇报。

19日8时21分，西部钻探总值班室接到报警，立即向总经理马××汇报，马总即刻召开紧急会议，通报事故情况，部署应急抢险工作，派副总经理喻××从苏里格出发，于20日15时到达现场，其余机关相关人员分别从乌鲁木齐、涩北等地赶赴现场。

8时25分，青海油田分公司总值班室接到报警，在花土沟现场办公的总经理宗××、副总经理马××分别赶赴现场。马××为现场抢险总指挥，组织油田公司有关部门及西部钻探相关单位于19日20时05分成功实施关井。之后，西部钻探组织相关压井及后期处置工作。

10时40分，工程技术分公司接到青海油田分公司电话报警后，立即向集团公司领导汇报，同时向集团公司总值班室和安全环保与节能部报告。接报后，廖总非常重视，先后两次对抢险工作做出批示。

工程技术分公司立即将廖总指示传达到青海油田分公司和西部钻探公司，并安排有关人员赶赴现场指导抢险，同时根据现场处置动态，两次向青海油田分公司和西部钻探工程公司就压井处置、防火防爆和环境保护等提出工作要求。

三、事故定性及原因分析

本次调查是在工程技术分公司前期调查的基础上，重点开展了人员访谈。主要对青海油田分公司工程技术处、开发处、英东一体化项目部、监督监理公司、钻采工艺研究院，以及西部钻探公司的井控管理中心、青海钻井公司、英东项目组、40520钻井队、同地区其他8支钻井队等单位共42人进行了访谈。调阅了其他10余口井的地质和工程设计和其他10余口井的一开、二开及钻开油气层前的验收资料。经过事故调查组调查认为，本起事故是由于对井控管理工作不重视，现场管理不严格，钻井队在井漏处置过程中违章作业而导致的一起责任事故。

（一）直接原因

钻井队在发生井漏和随后起钻的处置中，措施不当，致使环空液柱压力小于地层压力，使已经打开油气层的地层流体进入井筒，发生井喷。

（二）间接原因

1. 处理井漏时，已经揭开了多套油气层。该井地质设计中，926~1620米为油气层段。同平台相邻的英9-4-A6井电测解释显示，345.5米进入油层，在1461米以上井段共解释储层196层，其中55层为油层、13层为油气同层、21层为油水同层。当环空液柱压力降低失衡后，这些油气就会进入井筒，导致溢流井喷。

2. 灌浆不到位，溢流发现不及时。该井在钻进至井深1461米前的钻进和接单根工况中，井内压力正常，证明 1.14 g/cm³ 的钻井液静液柱压力可以平衡地层压力。在发生失返井漏后，环空液柱压力降低，可能引发井筒压力不平衡。按照以往二开后漏失的堵漏经验，本地区经常发生井漏的井段为 360～500 米，当液面在这个井段时，井筒的液柱压力计算如下：

液面在 360 米时：P1 = 1.14 × (1461 − 360) /100 = 12.55MPa

液面在 500 米时：P1 = 1.14 × (1461 − 500) /100 = 10.96MPa

而在地质设计中，邻井英试 8 − 1 井在井深 1451 米处实测静压 13.21MPa。可见该井钻进到 1461 米时，发生失返井漏，井筒静液柱压力难以平衡地层压力。

同时，该井在起钻过程中，采取起三柱钻杆或起一柱钻铤后，按照起出的钻柱体积灌一次泥浆。灌浆量只相当于起出钻具体积，在井漏的情况下没有考虑漏失损失，使得灌入泥浆量明显不足，导致井内液面下降，液柱压力不能平衡地层压力。另外，在井漏失返后，井筒上部存在空井段，地层流体侵入井内后，先形成环空溢流。在溢流初期，地面难以观察到溢流显示。当溢流沿环空上升接近井口时，一些流体从振动筛返出，坐岗人员没有及时发现，失去了及时采取关井措施的机会，随后井内流体快速上升到转盘面，发生井喷。

3. 应急处置不力，未能控制井口。在井喷初期喷出物为泥浆的情况下，班组人员没能成功用吊卡强行起出井口最后一柱钻铤，或抢接防喷单根，实施关井，失去了控制井喷的最后机会。

（三）管理原因

1. 钻井地质、工程设计风险提示不具体，措施针对性不强

（1）钻井地质设计对井控相关风险提示不具体

英 9 − 4 − A5 井钻井地质设计章节设置及主要内容均符合股份公司《开发井钻井设计编制规范》要求，但该井地质设计中对可能油气层的提示中，没有说明邻井英 9 − 4 − A6 井测井解释的 13 个油气同层段所处的具体井段（实际在 645.5 − 913.1 米，为本井非目的层段）；对油气层段的描述也未从 926 米（本井设计油气层的开始层位）开始，而仅是从本井设计的主要目的层 1442 米开始描述。

（2）钻井工程设计未对井漏风险进行提示，部分措施针对性不强

统计英东油田完成的 107 口井，一开后井漏 53 口井、83 井次，二开后井漏 24 口井、35 井次，二开后井漏段集中在 350～500 米；同平台的英 9 − 4 − A6 在二开后也发生 3 次井漏。钻井工程设计中没有对邻井的井漏复杂进行任何描述，没有对可能发生的井漏、漏转喷的风险进行提示，没有提出针对性预防和处理措施。

本次调查中，查阅英东地区 10 口井的钻井工程设计发现，对一开、二开、井下复杂情况的预防及处理（井漏、井塌）以及井控技术要求等内容均一致，没有针对单井具体地质情况进行个性化设计，措施针对性差。

2. 表层套管没有封住全部易漏层

英9－4－A5井位于英东油田的地表海拔较高部位，地表高差100米左右；该地区上部地层复杂，破碎带发育，漏失严重。英东油田的当前表套设计井深均为350米，由于断层的影响，山上的井在二开后漏失发生频次高，失返性漏失多。同平台邻井英9－4－A6井二开后钻进至450米、479米和1665米时发生失返性漏失，漏失位置均在350~500米，通过注水泥方式堵漏成功。同平台的事故井在二开后，漏失3次，漏失位置在350~500米。由此可见，当前设计的350米表层套管没有封住全部易漏层，造成该区域的部分井在二开后发生失返性井漏，既加大了井控风险，也降低了钻井速度。针对此情况，青海油田监督监理公司和英东一体化项目部在2013年3月29日向青海油田工程技术处递交了《关于英东油田表层套管下深变更的请示》，要求将表层下深从350米调整为500米。至事故发生时，工程技术处还没有形成套管下深的研究结论。

3. 井漏处置不科学、不规范

英9－4－A5井钻至井深1450米时发生井漏，漏速3m³/h，钻井队没有停钻堵漏，却继续钻进至1461米，导致井漏失返。井漏失返出现后，没有先进行堵漏，而是采取了直接起钻，再下光钻杆挤水泥堵漏的方案；虽然在起钻前从环空灌入堵漏泥浆18m³，但井口未见到液面，根本没有起到堵漏效果。在油气层已钻开的情况下，起钻前没有按照井控实施细则的规定进行短程起下钻，检测井筒是否平稳；起钻中没有执行工程设计进行连续灌浆的要求，而是按照习惯性做法，起三柱钻杆灌一次泥浆。在间断灌浆中，灌入泥浆量不足，使环空液面下降，导致环空液柱压力小于地层压力。在起钻到表层套管内时，没有进行静止观察是否有油气上窜，而是一次起完钻具，导致井喷。

4. "漏喷转换"的风险认识不足

从2010年开始，英东油田已完井120多口，面对钻开油气层后高频次的井漏，从建设方到施工方，均认为本地区地层压力低，没有发生过溢流，不可能发生井喷事故。在指导思想和技术措施上，只是从处理工程复杂出发，进行井漏处理，没有意识到井漏后，井筒压力失衡所产生的井控风险。针对这种多次发生的规律性的井漏问题，没有组织进行风险评估分析，没有制定针对性的起钻堵漏措施来预防井控风险，最终导致了井喷事故发生。

5. 开钻和钻开油气层验收流于形式

开钻和钻开油气层验收分别由青海钻井公司安全科组织自检和由英东一体化项目部委托的青海监督监理公司组织验收。但由于由各自主管单位自行组织，各自主管单位检查结果无沟通交流、相互无备案留底，难于促进现场工作。

从调阅的一、二开资料和对若干井队技术员访谈中，可以认定，在实际验收过程中，由于制度不落实，出现检查不严肃、填写随意、事后补签等现象。该井液面监测报警仪已坏，验收检查表显示合格；未安装司控台，检查表显示司控台正常；《钻开油气层检查验收书》无检查日期落款；未参加检查的甲方钻井监督事后补签名。验收走形式，未达到督促安全生产作用。

6. 现场监督工作不到位

40520钻井队现场驻有甲方巡井钻井监督李××和西部钻探HSE监督王××，在日常监督中，两人工作责任心不强，职责履行不到位，没有发挥应有的作用。

一是监督管理存在薄弱环节。甲方钻井监督在4月8日报到后，青海油田监督监理公司作了面对面的个人经历和资质的询问，将油田监督管理的资料包拷贝给监督，没有做任何培训，就将监督派到现场开展工作。西部钻探公司HSE监督没有认真学习本公司的监督管理办法，对自己在现场的权利义务不够清楚，监管弱化，没有发挥应有的作用。

二是责任心不强。甲方钻井监督4月10日上岗在现场开展工作，对所监督井的情况了解不深，没有发挥有效的监督作用。在本井的一开和二开前，甲方钻井监督下达的一开和二开监督指令，是他在其他油田任监督时的文本，没有针对本井实际情况增加针对性要求，对该井的指导性差。甲方钻井监督同时负责两口井的巡监，居住在该队的驻井场值班房内。该井从4月11日开钻到4月19日井喷，甲方监督只参加过2次班前班后会，职责履行不到位。西部钻探公司HSE监督4月12日的检查记录中，在液面报警仪损坏的情况下，却将检查结果填写为合格。

三是关键环节监督职责未履行到位。甲方钻井监督和西部钻探公司HSE监督在本井发生井漏后起钻这样一个特殊作业中，均没有在现场进行旁站监督，使得井漏后起钻的高风险作业的双重监督功能无一起作用。

7. 管理流程不顺畅，管理职能交叉弱化

青海钻井公司井控管理流程存在缺陷。西部钻探井控管理职能在工程技术与市场处，而青海钻井公司的井控管理职责由安全总监负责，井控管理办公室设在公司安全科。安全科主要对应的西部钻探管理部门为安全环保处，这样造成井控管理职能上下协调不够顺畅，不利于井控管理工作落实。

8. 钻井队管理较差，执行力有待进一步提高

40520队的指重表自动记录仪损坏、泥浆液面监测报警仪已失效，长期没有得到修复，专用泥浆灌浆罐长期废置未用。现场施工中还存在没有认真执行井控实施细则及设计的现象：一是未落实《青海油田石油天然气钻井井控实施细则》第五十条"钻开油气层后发生井漏的处理"的系列措施，第十六条有关地层承压试验、低泵冲试验和短程起下钻的要求；二是未执行工程设计中"起钻时做好连续灌浆"的要求。由此反映出，该队的管理水平、业务素质较低，执行力较差。

9. 井控意识不强，管理不到位

自2010年该区块投入勘探开发以来，虽然上部地层频繁发生井漏，但通过采取适

当堵漏措施均能够成功完钻，没有发生过溢流险情。无论是建设方还是施工方、管理者还是操作者均认为，该地区仅仅是单纯井漏，不会发生井喷事故，忽略了钻开油气层后"漏喷转换"诱发的井喷风险。同时由于生产任务重，组织运行节奏快（当前该地区动用钻机19部，今年预计共钻新井225口，新建产能30万吨），也是本起事故的一个因素。

因此，相关企业各级管理人员井控意识不强，普遍存在着思想上麻痹，管理上松懈，企业相关管理部门没有认真开展井漏风险辨识和井控风险评估，适当调整新区部分油气井风险级别；没有组织研究"井漏失返"和"漏喷转换"的风险控制措施；没有建立处理井下复杂情况的刚性操作程序，完全靠现场人员的个人能力处理，随意性强；也不重视一、二开验收和钻开油气层检查制度，很多验收走形式；现场监督责任心不强，对关键环节没有起到旁站监督作用，关键环节监督职责履行不到位；未建立起有效的甲乙方监管约束机制，甲方监管力度不够，乙方井控制度落实不严，整体存在井控管理制度落实不到位的问题。

四、事故责任分析及处理

根据集团公司相关规定，建议对青海油田分公司和西部钻探公司相关责任人进行处理，处理意见建议如下：

（一）西部钻探公司

1. 井控管理中心主任吴××作为西部钻探公司井控主管部门负责人，对本次事故暴露出的井控意识不强、钻井队管理较差和执行力差等问题负直接管理责任，给予警告处分，罚款5000元。

2. 青海钻井公司经理穆××作为公司井控安全第一责任人，对本次事故暴露出的井控意识不强、管理流程不顺畅、现场监督工作不到位和钻井队管理较差等问题负直接管理责任，给予记过处分，罚款5000元。

3. 青海钻井公司党委书记李××作为公司主要领导，对本次事故暴露出的井控意识不强、队伍管理差等问题负直接管理责任，给予警告处分，罚款5000元。

4. 青海钻井公司副经理、安全总监颜××，作为公司分管安全生产和井控工作的领导，对本次事故暴露出的井控意识不强、现场监督工作不到位和钻井队管理较差等问题负主管领导责任，给予记大过处分，罚款5000元。

5. 青海钻井公司钻井工程技术服务公司副经理、英东项目组负责人秦××，对本次事故暴露出的"漏喷转换"的风险认识不足和井漏处置不科学等问题负直接领导责任，给予免职、记大过处分，罚款5000元。

6. 青海钻井公司安全科井控专岗王××，作为钻井公司驻英东项目组负责井控及安全的管理人，对本次事故暴露出的开钻和钻开油气层验收流于形式和现场井控管理差等问题负直接管理责任，给予记大过处分，罚款 5000 元。

7. 青海钻井公司监督监理公司驻 40520 钻井队 HSE 监督员王××，井控意识淡薄，责任心不强，现场履行监督职责不到位，对本次事故负直接责任，给予开除厂籍、留厂察看一年处分，罚款 5000 元。

8. 40520 钻井队队长张××作为本队安全生产第一责任人，对本次事故暴露出的井控意识不强、钻井队管理较差和执行力差等问题负直接领导责任，给予撤职处分，罚款 5000 元。

9. 40520 钻井队书记王××作为本队主要负责人，对本次事故暴露出的钻井队管理较差和执行力差等问题负直接领导责任，给予免职、记过处分，罚款 5000 元。

10. 40520 钻井队技术员宣××作为值班干部和井队技术负责人，对本次事故暴露出的"漏喷转换"的风险认识不足和井漏处置不科学等问题负直接责任，给予撤职处分，罚款 5000 元。

11. 40520 钻井队司钻郑××作为班长和直接操作者，对本次事故负直接责任，本应严肃处理，但在事故发生时，及时发出警报，刹车并固定刹把，最后撤离钻台，避免了事故进一步复杂化，给予开除厂籍、留厂察看一年处分。

12. 40520 钻井队泥浆工兼记录工宗××，作为坐岗工，灌泥浆不到位，溢流发现不及时，对本次事故负主要责任，给予开除厂籍处分。

另外，西部钻探公司作为本次事故的责任主体，负有管理责任，给予通报批评。责成西部钻探公司对青海钻井公司进行整顿，对其他负有责任的人员给予处理。

对 40520 钻井队建议取消番号，收回资质，解散队伍，人员重新分配。

（二）青海油田分公司

1. 工程技术处处长赵××作为井控与工程技术主管部门领导，对本次事故暴露出的工程设计存在缺陷和井控技术措施不到位等问题负技术管理直接管理责任，给予警告处分，罚款 3000 元。

2. 英东一体化项目部经理石××作为项目部安全生产第一责任人，对本次事故负属地领导责任，给予警告处分，罚款 3000 元。

3. 监督监理公司负责人王××作为监理公司安全生产第一责任人，对本次事故暴露出的外聘监督管理和监理职责履行不到位等问题负一定管理责任，给予通报批评，罚款 3000 元。

4. 英东一体化项目部徐××，作为本井地质设计的编写人，在地质设计中对周边钻井过程中出现的复杂情况提示不周，井控相关风险提示不具体，地质设计存在缺陷，对本次事故地质设计缺陷负直接责任，给予通报批评，罚款 2000 元。

5. 钻采工艺研究院设计科赵××，作为本井工程设计的编写人，在工程设计中未对井漏风险进行提示，没有提出针对性的预防与处理措施，工程设计存在缺陷，对本次事故工程设计缺陷负直接责任，给予警告处分，罚款2000元。

6. 监督监理公司外聘监督员李××，作为现场监督，井控意识淡薄，责任心不强，现场履行监督职责不到位，对本次事故负直接责任，给予解除劳务合同，收回中石油监督证，取消其在中石油市场的监督资格。

另外，青海油田分公司作为建设方，对本次事故的负有属地监管责任，给予通报批评。

五、事故教训及整改措施

（一）事故教训

1. 树立积极井控理念是根本

我们不但要重视"三高井"的井控风险，也要重视"两浅井"的井控风险，近年来"两浅井"的井控风险表现得尤为突出，溢流井喷时有发生，均是因为思想上的不重视造成的。我们必须牢固树立积极井控理念，时刻绷紧井控安全这根弦。

2. 井漏是井喷的前兆

井控风险来源于压力失衡，井漏后液柱降低是压力失衡的主要原因之一。要提高由漏转喷的风险意识，重视井漏后的井控风险防控。在井漏发生时，要以防止井喷为底线制定堵漏措施。

3. 管理部门履行职责是有效解决问题的关键

针对现场出现的普遍性问题，业务主管部门应及时组织研究解决方案，制定统一、规范和科学的应对措施，从根本上解决问题，而不是依靠基层队伍自身的经验和能力，个性化地解决问题。

4. 监督管理是有效落实制度措施的保障

监督是督促现场落实制度措施的专职人员，是井控风险防控的重要关口。监督素质的好坏、责任心的强弱，是把好现场井控监管关的关键。要落实好监督责任，杜绝监督走过场、走形式，对于不称职的监督，要坚决剔除出监督队伍。

5. 基层队伍执行力是防控井控风险的基础

事故的发生与队伍执行力差和违章作业紧密相关。多年来，集团公司已总结形成了多种井控管理的成熟做法，如"短程起下钻、起钻到套管内静止观察、溢流坐岗观察"等做法，均是防控井喷事故的有效手段，应认真坚持和严格执行。

（二）整改措施

1. 深入践行积极井控理念，落实甲乙方井控管理责任

井控风险是集团公司八大风险之首，各企业要高度重视"三高井"和"两浅井"的井控风险，切实防范"漏喷转换"的井控风险。甲乙双方要强化"联责、联管、联动"机制，紧密协作，井控管理部门要充分发挥职能作用，认真落实分级管理和风险

分级防控机制，动态掌握和解决工程技术以及井控管理存在的普遍问题和突出问题。甲方要建立有效监管机制，督促乙方提高井控管理水平。施工单位要在体制机制、管理制度以及防控措施等方面强化工作，做好"漏喷转换"风险的预防控制。

2. 加强设计与现场结合，提高设计的针对性和可操作性

设计是单井井控管理的第一道关口，是单井井控安全的源头。设计人员必须了解现场施工的井控风险。油田公司要尽可能多地提供设计人员参与现场问题讨论和处置的机会，设计人员要参加相应单位的生产和井控例会，定期参加技术交流。严格落实设计回访制度，设计人员要坚持每年一定时间的钻井施工现场回访。建立甲乙方钻井设计协作沟通机制，双方共同制定井控风险管控措施。建立设计质量反馈制度，施工方要对每口井设计的符合率、可操作性等方面进行书面反馈。针对新区、复杂井，要全面优化单井钻井工程设计，合理控制同一裸眼段存在的压力层系的数量，为科学防控奠定基础。

3. 加强开钻和钻开油气层验收检查，把好现场井控工作验收关

开钻和钻开油气层验收要严肃认真，不能走形式走过场，要严格落实甲乙方责任清晰的验收机制。验收程序要因地因时制宜，钻井速度快的开发井、浅井等，二开验收和钻开油气层验收可以合并进行。对验收中的假检查、假确认、假签字等作假行为要严肃追责，验收中发现的否决性问题要整改完成并验收确认后，方可开钻，牢牢把住现场安全关口。

4. 加强现场监督管理，提高监督人员执行力

加强监督的培养，促进监督职业化。聘任监督后，用人单位要进行以专业技能为主要内容的岗前培训，让监督人员熟悉企业相关制度要求、油气藏地质特点、工程地质要求和风险控制措施。用人单位要严格进行监督的定期考核，实行末位淘汰制度，及时把不合格者清理出监督队伍，保持监督队伍的整体质量。监督管理部门要建立监督黑名单库，履职不合格而被用人单位开除的监督，要吊销监督证，不得再次录用。

5. 加强井控设备管理，确保设备完整有效

钻井队是井控工作关键单位，钻井班组处在井控工作的前沿阵地，是最关键的执行单元。井控设备设施要按照相关标准和井控实施细则进行配套。要加强管理，落实责任，全面做好设备设施的日常检查维护保养，保证其始终处于完好状态。要加强现场人员技能培养，用好井控设备设施。不但要重视防喷器等主体设备，还要重视对专用泥浆灌浆罐、泥浆液面监测和指重表记录仪等设施的管理，确保井控设备的完整性和有效性。设备设施配套不符合标准，或其功能损坏而让通过验收的，要追究验收批准人的责任。

6. 加强井喷预警，严格落实坐岗制度

早发现、早处置是控制溢流险情，预防井喷事故的关键。要高度重视坐岗制度在

提前发现溢流中的作用，落实责任，提高坐岗人员责任意识。采用综合录井的作业现场，要落实钻井及综合录井人员的双坐岗。要加强泥浆液面检测仪的维护保养，使其时刻处于完好状态。要重视全过程的溢流检测，尤其要重视起下钻过程的坐岗观察，坐岗人员不但要重视灌浆量的测量，更要加强在泥浆出口的观察，及早发现溢流。

7. 开展防漏堵漏技术专项研究，提高井漏处置的科学性

针对英东区块普遍存在的严重井漏井下复杂问题，甲乙双方相关管理部门要重新开展该区域钻井风险评估，科学划分井控风险级别，重新审视表层套管下深。组织研究"井漏失返"和"漏喷转换"的风险控制措施。建立处理井下复杂情况的刚性操作程序，固化技术措施和操作程序，减少随意性，提高现场执行力。

8. 强化基础建设，加强基层队伍管理

要落实基层队伍定期考核机制，学习渤海钻探公司基层队伍定期考核办法，参照其建立基层现场井控管理标准，加强队伍考核，将考核结果与收入挂钩，促进队伍自主管理积极性。继续强化井控培训，加强理论培训和现场培训的紧密结合，大力推广应用三维动画模拟、视频演示、案例教学等教学方式，提高理论培训效果。要紧密结合现场生产实际进行现场培训和演练，钻井班组井控培训和现场防喷演习要以快速控制井口为中心，提高在各种工况和条件下的井口快速控制能力。班组防喷演习决不能"偷工减料"，决不能把演习当成演戏。关键环节演练，甲乙方监督必须到场监督评估，提高演练效果。

9. 执行信息上报制度

西部钻探公司要认真组织学习集团公司《应急预案》《井控规定》和《关于对有关事故升级管理的通知》，狠抓事故事件管理，落实信息上报制度，按照规定的上报程序和时间节点，及时上报相关信息。凡是发生井喷，都要立即上报。

案例二　大连"7·16"输油管道爆炸事故

2010年7月16日，位于辽宁省大连市保税区的大连中石油国际储运有限公司原油库输油管道发生爆炸，引发大火并造成大量原油泄漏，导致部分原油、管道和设备烧损，另有部分泄漏原油流入附近海域造成污染。事故造成作业人员1名轻伤、1名失踪；在灭火过程中，消防战士1名牺牲、1名受重伤。事故造成的直接财产损失为22330.19万元。经国务院事故调查组调查认定这起事故为责任事故，是一起特别重大责任事故。

一、"7·16"事故简要情况

大连中石油国际储运有限公司在大连保税区的原油库建有 20 个原油储罐，总库容 185 万立方米。2010 年 5 月 26 日，中油燃料油股份有限公司与中国联合石油有限责任公司（与中石油国际事业有限公司合署办公）签订了事故涉及原油的代理采购确认单。在原油运抵大连港一周前，中油燃料油股份有限公司得知此批原油硫化氢含量高，需要进行脱硫化氢处理，于 7 月 8 日与天津辉盛达石化技术有限公司（以下简称天津辉盛达公司）签订协议，约定由天津辉盛达公司提供"脱硫化氢剂"，由上海祥诚商品检验技术服务有限公司（以下简称上海祥诚公司）负责加注作业。7 月 9 日，中国联合石油有限责任公司原油部向大连中石油国际储运有限公司下达原油入库通知，注明硫化氢脱除作业由上海祥诚公司协调。7 月 11 日至 14 日，大连中石油国际储运有限公司、上海祥诚公司大连分公司和中石油大连石化分公司石油储运公司的工作人员共同选定原油罐防火堤外 2 号输油管道上的放空阀作为"脱硫化氢剂"的临时加注点。

7 月 15 日 15 时 45 分，外籍"宇宙宝石"号油轮开始向原油库卸油。20 时许，上海祥诚公司人员开始加注"脱硫化氢剂"，天津辉盛达公司人员负责现场指导。16 日 13 时，油轮停止卸油，开始扫舱作业。上海祥诚公司和天津辉盛达公司现场人员在得知油轮停止卸油的情况下，继续将剩余的约 22.6 吨"脱硫化氢剂"加入管道。18 时 02 分，靠近加注点东侧管道低点处发生爆炸，导致罐区阀组损坏、大量原油泄漏并引发大火。

二、事故直接原因

事故的直接原因是：中石油国际事业有限公司（中国联合石油有限责任公司）下属的大连中石油国际储运有限公司同意中油燃料油股份有限公司委托上海祥诚公司使用天津辉盛达公司生产的含有强氧化剂过氧化氢的"脱硫化氢剂"，违规在原油库输油管道上进行加注"脱硫化氢剂"作业，并在油轮停止卸油的情况下继续加注，造成"脱硫化氢剂"在输油管道内局部富集，发生强氧化反应，导致输油管道发生爆炸，引发火灾和原油泄漏。

三、事故间接原因

事故的间接原因是：上海祥诚公司违规承揽加剂业务；天津辉盛达公司违法生产"脱硫化氢剂"，并隐瞒其危险特性；中国石油国际事业有限公司（中国联合石油有限责任公司）及其下属公司安全生产管理制度不健全，未认真执行承包商施工作业安全审核制度；中油燃料油股份有限公司未经安全审核就签订原油硫化氢脱除处理服务协议；中石油大连石化分公司及其下属石油储运公司未提出硫化氢脱除作业存在安全隐患的意见；中国石油天然气集团公司和中国石油天然气股份有限公司对下属企业的安全生产工作监督检查不到位；大连市安全监管局对大连中石油国际储运有限公司的安全生产工作监管检查不到位。

四、事故责任人处理情况

根据事故调查组提出的对"7·16"事故有关责任单位和责任人的处理意见。将14名责任人移送司法机关依法追究刑事责任，给予29名责任人相应的党纪、政纪处分。依据有关法律法规规定，对大连中石油国际储运有限公司、天津辉盛达公司、上海祥诚公司等相关责任单位分别处以规定上限的行政处罚；依法吊销天津辉盛达公司危险化学品生产企业安全生产许可证，该公司主要负责人张海军，除建议依法追究其刑事责任外，终身不得再担任危险化学品生产经营单位的主要负责人；上海祥诚公司不得从事除商检外涉及危险化学品作业的有关业务。责成中国石油天然气集团公司向国务院国资委作出深刻检查。

五、事故经验教训

"7·16"事故经济损失和社会影响重大，周边海域受到污染，教训极为深刻。事故充分暴露出中国石油天然气集团公司在大连所属部分企业在危险化学品管理中存在严重问题。为深刻吸取事故教训，全面加强危险化学品管理，有效防范和坚决遏制重特大事故的发生，努力促进全国危险化学品安全生产形势持续稳定好转，现提出以下要求：

1. 立即组织开展对已投用石油库的安全检查。地方各级人民政府和有关企业要立即组织对建成投用的所有石油库进行全面安全检查，检查油库在规划布局、油库设计、本质安全、管理体制和管理责任落实、规章制度建立、人员素质、安全生产、应急管理等方面存在的问题和隐患，限期彻底整改。各地区要对石油库开展风险评估，全面查找、消除安全隐患，对规模大、品种多、风险高、处于敏感区域的石油库，要督促企业采取有效措施提高安全设防等级。

2. 组织对石油库拟建和在建项目进行全面清理整顿。地方各级人民政府要组织相关部门，对本辖区内拟建和已批准在建的石油库建设项目进行全面清理整顿。

案例三　某油田第一采油厂
王90-27井组至王十四增输油管线破裂事故

一、事故原因及现场情况

2017年5月5日5时06分左右，王十四增中心站员工赵××发现王90-27井组压力异常，及时上报王十四增中心站带班副站长刘××，刘××通过巡线发现王90-27井组至王十四增出油管线在距王十四增围墙外200米处发生管线渗漏，油水混合物顺沿山坡流入沟底，流出约2公里进入当地村民自建水坝中，该水坝为村民自建，不是当地村民饮用水源。

王90-27井组至王十四增管线隶属某油田第一采油厂王东作业区，位于安塞区招安镇王窑社区陈子沟村。该管线建成投用于2004年10月，承担着王90-27井场12口油井的输油任务，管线规格Φ60mm×3.5mm×1.1km。事发现场位于王窑水库坝梁下方一小沟内，不在王窑水库流域内。

二、现场处置情况

事故发生后，县政府立即组织环保执法人员赶赴事故现场，组织和督促采油一厂开展抢险救援工作，并将这一情况及时向市环保局进行汇报。同时，县政府成立了由当地环保分局局长任总指挥，第一采油厂副厂长任副总指挥，环保、公安、镇政府及第一采油厂相关负责同志为成员的王90-27井输油管线泄漏事件现场应急抢险指挥部，下设现场处置、环境质量检测、事故调查验收、综合协调、环境保障5个工作组。采油一厂积极采取措施，污染物在坝尾被全部拦截控制。5月6日晚采油一厂完成对现场污染物的清理。此次事故清理产生含油杂草油泥等污染物约216吨，全部交由有资质的环保处置单位安全处置。根据调查情况，事故原因为该管线受污水腐蚀穿孔导致污染物外泄。区环境监测站对受污水体进行了取样监测，5月5日监测数据显示，坝尾和水坝中部取水点石油类超标，水坝坝梁处石油类未超标。

三、处罚情况

针对采油一厂这一环境违法行为，当地环保分局根据国家相关法律法规，依法下达《处罚事先告知书》经济处罚20万元，并对此次事故6名责任人员依法进行责任追究。同时，责令采油一厂认真开展自查，举一反三，总结教训，在全厂开展为期一个月的输油（气）管线隐患大排查，坚决杜绝此类事故再次发生。

案例四　某油田 P17 平台至
P74 平台输油管线破裂原油泄漏事故

一、基本情况

某油田坪北经理部 P17 平台至 P74 平台的输油管线，于 2010 年 6 月投运，负责 P17 平台三口油井液量外输工作，日均液量 2.1 吨，综合含水 55.4%，日产油 0.9 吨。管线长度 400 米，管线管径 60mm，管壁为 3.5mm。

二、事故原因及现场情况

2017 年 5 月 13 日早 8 时 40 分，该油田坪北经理部 P17 平台值班人员发现外输管线压力表不正常，立即关停油井，关闭管线阀门，并向管理区值班室和经理部调度室汇报，同时对管线进行排查发现距 P17 平台约 100 米处的路边有原油外泄。坪北经理部立即启动应急预案，组织机关和采油管理一区的员工到现场清理回收泄漏原油。5 月 13 日 9 时 30 分坪北经理部将这一情况向环保分局做了报告。

环保执法人员于 5 月 13 日 10 时 40 分赶到现场，对泄漏情况展开调查。经初步调查分析，坪北经理部 P17 平台至 P74 平台的输油管线因受污水腐蚀发生泄漏，泄漏点位于 P17 平台 100 米处的油区生产道路边，导致油水混合物外泄约 1～2 方左右。泄漏污染物沿生产道路防洪渠流入 P17 井场边坡下方一旱沟内，形成约 10 厘米宽污染带，流出约 400 米被全部拦截，未进入水体。

三、现场处置情况

事故发生后，环保分局将这一情况及时向市环保局应急办进行汇报，并组织坪北经理部职工 60 多人对现场泄漏原油进行清理回收，并下达《环境违法行为限期改正通知书》，责令坪北经理部于 5 月 13 日完成对现场清理工作，同时下达《停产整治决定书》，责令坪北经理部事故管线停止运行。5 月 13 日下午 14 时坪北经理部完成了对现场清理工作，清理污油污泥油 50 多袋，合计 1.57 吨。清理产生污染物全部转移至陕西大睿盛通环保科技有限公司安塞分公司安全处置，并通过了环保执法验收。

四、处理处罚情况

此次事故充分暴露了坪北经理部日常巡查管护责任不落实，防控措施不到位，导致原油外输管线破裂油水混合物外泄，违反了《陕西省煤炭石油天然气开发环境保护条例》第二十八条规定，依据第四十七条第二款规定和《陕西省环境行政处罚自由裁量权适用规则》，环保分局已对该事故进行立案处罚。同时环保分局下达督办单，责令该油田坪北经理部对所有管线进行排查，对于运行年限已到的管线进行更换，加强管理，加大日常巡检力度，坚决杜绝此类事件的再次发生。

案例五　某公司延332井井喷失控事故

一、事故经过

2010年7月23日，承担某油气公司钻井工程部钻井任务的外协作业井队（挂靠在油田公司钻井工程公司）在陕西延长县七里村镇杨旗村实施井号为延332井天然气勘探钻井作业，在钻至2750米深钻遇本溪组气层时，作业人员发现泥浆液面出现较多气泡，随即停泵观察，发现气泡仍然很多，并伴有较多泥浆喷出，作业人员立即采取原浆循环压井，同时关井求压，发现压力上升较快。作业人员先后两次提高泥浆密度，进行循环压井。约20时30分，井涌越来越严重，作业人员立即关井，从21时15分至23时9分，经过4次泄压后，决定用重泥浆低泵速节流循环压井。23时15分，距井口4～5米处地裂冒气，发生井喷起火，半小时后井架倒塌。由于井口火焰达到数十米高，远程防喷控制装置液压油管被烧毁，初步判断封井器被烧毁。随后决定实施侧钻压井方法，但经过数次破窗失败。9月2日20时50分，抢险人员穿着避火服试着转动手动封井器双闸板手轮，发现封井器并未烧毁，随即实施手动关井措施，成功实现了事故井井口火焰熄灭，井内天然气被引入防喷管线放空燃烧。9月14日凌晨2时30分，封井工作全面完成。

二、原因分析

1. 在关井及压井操作过程中，重浆泵突然故障一个多小时，临时用潜水泵替代，违章作业致使套管压力长时间超过地破压力（7.5Mpa），达到了11.6～11.8Mpa，是造成本起事故发生的直接原因。

2. 油田公司钻井工程公司只负责履行有关分包合同和账务结算手续，对挂靠的钻井队并未履行管理职责，以包代管，油气公司钻井工程部作为代管责任单位，管理不到位，对钻井队管理出现漏洞，是造成事故的主要原因。

3. 钻井队缺乏处理井喷事故的经验，现场采气的关井和泄压措施不当，未及时打开防喷管线对井口泄压，是本期事故发生的重要原因之一。

4. 钻井队泥浆加重剂石灰石粉储备量不足，未按钻井工程设计量（50 吨）储备，在 7 月 8 日、7 月 20 日钻井工程部联合检查下发《隐患整改通知书》后，仍未落实，隐患整改没有形成完整的闭环，影响了险情处置，是造成本起事故发生的又一重要原因。

5. 现场安全监督人员工作交接出现纰漏，接替人员对现场了解掌握不够。7 月 17 日 更换了安全监督，但未进行技术交底，新到安全监督不掌握地破压力，未能及时纠正不当的操作行为，是造成事故的主要原因之一。

6. 根据《延 332 井钻井工程设计》，钻井队应按照设计要求进行测斜监测，调查中发现未进行单点测斜，测斜数据记录造假，导致履次破窗失败，直接影响了事故救援，是造成事故扩大的重要原因。

三、防范措施

1. 理顺管理体制，落实安全生产责任。油气公司与油田公司钻井工程公司、监理公司，油田公司钻井工程公司与分包钻井队等相关方要进一步理顺管理体制，明确相关方的责任、义务和权利，特别是安全管理职责。

2. 加强外协作业队伍管理。严把作业队伍准入关，优选业绩突出，技术精湛，设施完备的合作队伍。确实加强承包商管理，对地质监理、工程监理、安全监督制定建立严格的考核措施。

3. 严格井控安全管理。把井控管理贯穿于钻井、测井、录井、试油（气）、采油（气）等作业的设计和施工全过程。规范技术管理和施工设计，对钻井、试油和井下作业，特别是钻井、固井、射孔、压裂等环节的施工设计、技术措施等进行严格的技术论证后再行审批。同时加大井控技术培训力度，要求从事钻井生产、技术指导和安全管理等有关人员，必须做到持证上岗。

4. 提高突发事件预防和处置能力，加强安全生产应急预案编制、修订、备案管理和演练，建立自有专业应急救援队伍，加大安全投入，配备性能可靠、机动性强的设备，储备必要的应急救援物资，提高安全生产应急救援能力。

5. 完善事故信息报送管理，建立协调沟通长效机制，实行进入气层报告制度，规范信息报送程序，畅通信息沟通渠道。坚持 24 小时值班制度，落实专人负责制，积极发挥生产调度指挥协调作用。

案例六　某采气净化厂火炬倒塌事故

一、事故经过

2017 年 4 月 27 日 20 时 04 分，某采气净化厂中控室操作台突然断电，ESD 系统自动启动一级联锁，净化厂进出站紧急切断阀自动切断，站内紧急泄放阀自动打开，装置中的天然气通过地面火炬系统放空燃烧。20 时 24 分左右，火炬放空燃烧约 20 分钟后，突然出现倒塌。

二、原因分析

1. 直接原因：地面火炬设计选型不合理。经第三方重新设计验证，该地面火炬燃烧器燃烧排放能力仅为实际排放能力的一半，且该地面火炬施工质量较差，在使用不到一年的情况下陶瓷纤维隔热层部分减薄碳化，隔热功效达不到使用要求，导致火炬外部钢结构筒体发生热应力失效，在放空燃烧过程中倒塌。

2. 间接原因：企业安全主体责任落实不到位，在设计、施工等过程中把关不严，监督不到位。

三、防范措施

全面排查生产装置隐患。立即开展细致全面的生产装置隐患大排查，主要针对工艺、设备、放空、电气、自控仪表、通讯、消防、公用工程等生产各系统、各环节；着重检查设备维护保养的及时性、供电与自控系统的可靠性、消防放空系统的安全性；查设计资料、查工艺参数、查设备状态、查运行记录，切实加强设备维护保养，提高深可靠性。